NEDERLAND

EINDHOVEN

Turnhout

Lier
Tongerlo
Maaseik
Mechelen
Maas

Dijle
Demer
Diest
Bokrijk

Hasselt
DEUTSCHLAND

Leuven
MAASTRICHT

Tienen
Sint-Truiden
Rullingen
Tongeren
AACHEN

Tervuren
Borgloon
Sluizen

Hœgaarden

sart
Corroy-le-Grand
Limbourg
Liège
Eupen
Vesdre
Verviers

Dyle

illers-la-Ville
Jehay
Les Fagnes

Meuse
Saint-
Séverin-en-
Condroz

Namur
Huy
Fonds-de-
Quareux

Ambléve
Stavelot
Warche

Crupet
Durbuy

Annevoie
Meuse

Ourthe
Dochamps
Reuland

Freyr
Dinant
La Roche-en-Ardenne
Weweler

Hastière-par-Delà
Walzin

Meuse

Musée de la
Vie Rurale

Saint-Hubert

Bastogne

Lesse

Sensenruth
Le Tombeau du Géant

GRAND-DUCHÉ DE LUXEMBOURG

Dohan

Chassepierre
Semois
Arlon

België

Belgique

Belgium

Belgien

Teksten – Textes – Text – Texte

Georges-Henri Dumont

de l'Académie royale de Langue et de Littérature françaises

Foto's – Photos – Photos – Aufnahmen

Damien Hubaut, Paul Merckx

België
Land van alle getijden

Belgique
Un pays pour toutes les saisons

Belgium
A country for all seasons

Belgien
Ein land für alle Jahreszeiten

Editions Paul Merckx Uitgeverij

Omslag voorkant: Antwerpen, de Suikerrui en de kathedraal.
Frontispice: Namen, museum van Groesbeeck-de Croix.
Titelpagina: Brussel, Kabinet van de Premier.
Blz. 4 en 5: Weweler. De kerk met haar hoge leien dak overkoepelt als het ware
            de heuvel. De massieve toren dateert uit de 13de eeuw.
Blz. 9 en 13: De Grote Markt van Brussel.

Couverture avant: Anvers, le Suikerrui et la cathédrale.
Frontispice: Namur, le musée de Groesbeeck-de Croix.
Page de titre: Bruxelles, Cabinet du Premier Ministre.
Pages 4 et 5: Weweler. Son église à haut toit d'ardoise est merveilleusement posée
            sur la colline. La tour massive date du XIIIe siècle.
Pages 9 et 13: la Grand-Place de Bruxelles.

Front cover illustration: Antwerp, the Suikerrui and the cathedral.
Frontispiece: Namur, museum de Groesbeeck-de Croix.
Title page: Brussels, Office of the Prime Minister.
Pages 4 and 5: Weweler. Its church, with its high slate roof, is poised on the hill.
            Its massive tower dates from the 13th century.
Pages 9 and 13: The Grand-Place of Brussels.

Umschlag Vorderseite: Antwerpen, die Suikerrui und die Kathedrale.
Frontispiz: Namur, Museum de Groesbeeck-de Croix.
Titelseite: Brüssel, Kabinett des Premierministers.
S. 4 und 5: Weweler. Die Kirche mit ihrem hohen Schieferdach krönt den Hügel auf
            sehr harmonische Weise. Der wuchtige Turm stammt aus dem 13 Jh.
S. 9 und 13: Der Marktplatz von Brüssel.

Wie in België bergop rijdt, komt haast onvermijdelijk in een bos terecht; rijdt hij bergaf, dan staat hij weldra voor de zee. De afstanden zijn maar kort. Nauwelijks heeft de reiziger de kuststreek verlaten, of hij zit al in Binnen-Vlaanderen, waar de dorpen samengroeien, zodat er kleine steden ontstaan. Ten zuiden van het bekken van Samber en Maas is het landschap van zandsteenhoudende en evenwijdig met elkaar lopende vouwlijnen doorsneden, die er uitzien als rimpels op een voorhoofd en die de beboste heuvelruggen van de Condroz aankondigen. In de Famenne zijn er rivieren die ineens onder de gespleten rotsblokken verdwijnen en via grotten met echogewelven naar andere valleien stromen en daar weer uit de grond opborrelen. Even verder beginnen de Ardense hoogten, een soort schilddak langs de Duitse grens, dat na een aantal aanlopen op verscheidene plaatsen een hoogte van meer dan 600 m boven de zeespiegel bereikt alvorens het enigszins wordt voortgezet door de Eifel. Beken en rivieren worden er meer dan eens door heuvelkammen gestuit en gedwongen zich in allerlei vreemde bochten te wringen om zich een weg te banen door de alomtegenwoordige bossen te banen. Het bos van Anlier is de laatste uitloper van de Ardennen. Het steekt boven het land van Gaum uit en weert de noord- en noordwestenwinden. In deze zuidelijke uithoek van België — Virton ligt op een afstand van amper 300 km van Oostende! — liggen trapsgewijs aangelegde wijngaarden zich in de zon te koesteren.

Twee grote waterwegen, de Schelde en de Maas, doorstromen België noordwaarts. Al twee millennia lang hebben ze banden tussen de oeverbewoners gelegd, saamhorigheidsgevoel doen ontstaan en de uitstraling van grote culturele stromingen in de hand gewerkt.

De Schelde is de laaglandrivier bij uitstek. Aan haar oevers ontstond de dynastie van de Merovingers, die haar machtspositie in Doornik verstevigde, alvorens ze naar Parijs trok om daar haar kans te wagen. Ten tijde van de Romaanse kunst verliep de beïnvloeding in tegenovergestelde richting. De in Doornik en Soignies (Zinnik) opgerichte religieuze bouwwerken waren toen de opmerkelijkste van het hele Scheldebekken en dragen allebei kentekenen van de toen voor Frankrijk, om precies te zijn voor Normandië, typische bouwtrant.

De kathedraal van Doornik stond op haar beurt model voor talrijke godsdienstige bouwwerken in de Vlaamse contreien — voornamelijk in Gent en Brugge — en in Brabant. Eeuwen later, ten tijde van de triomftocht van de gotiek, ontstond er eveneens een Scheldegotiek, die haar eigen kenmerken wist te bewaren, terwijl ze zich meer en meer openstelde voor invloeden uit het Maasgebied. Dat de Schelde bovendien de goede fee was die aan de wieg van Antwerpen en zijn haven stond, hoeft geen betoog.

De Maas is in tegenstelling tot de Schelde een dochter van de bossen langs haar oevers. Het Maasbekken werd het machtscentrum van de Pepijnen, die de Merovingers opvolgden en onder Karel de Grote het christendom tot op de oevers van de Elbe deden zegevieren. Dit had een toename van de germaanse invloeden tot gevolg. Notker, de eigenlijke stichter en grote prinsbisschop van Luik, was een door keizer Otto I benoemde Zwaab. Het hoeft dan ook niemand te verbazen dat bv. de St.-Janskerk volgens het octogonale grondplan van de paltskapel te Aken werd gebouwd. Toen nam de eeuwenlange, diepgaande culturele dialoog tussen Rijnland en Maasvallei een aanvang.

De heirbaan van Keulen op Boulogne, later op Brugge was sedert de Oudheid een belangrijke oost-westverbinding, die de contacten tussen Schelde- en Maasvallei in hoge mate bevorderde, vooral toen de handelaars te Brugge de produktie van de plaatselijke lakenwevers opkochten en er Engelse evenals Spaanse wol, Oosterse specerijen en andere handelsartikelen invoerden.

In België zijn er verhoudingsgewijs meer steden dan in om

En Belgique, les routes montent vers la forêt et descendent vers la mer. Rapidement, car les distances sont très courtes. A peine a-t-on quitté les plages du littoral que déjà l'on pénètre en Flandre intérieure, où les villages se soudent les uns aux autres pour former de petites villes. Au sud du sillon Sambre-et-Meuse, une série de bandes gréseuses, parallèles comme les rides sur un front, annoncent les crêtes boisées du Condroz. En Famenne, les rivières se perdent, pénètrent dans les roches fissurées, s'engouffrent dans les « chantoirs » pour réapparaître au fond des vallées comme de nouvelles sources. L'Ardenne est proche. Telle un bouclier relevé vers l'Allemagne et s'y prolongeant par l'Eifel, elle se soulève en vagues successives et se maintient, par endroits, à plus de six cents mètres d'altitude. Les rivières se heurtent à des arêtes rocheuses et se replient en méandres capricieux au creux de la forêt souveraine. La forêt d'Anlier marque la fin de l'Ardenne; elle surplombe la Gaume et lui assure la protection contre les vents du nord et du nord-ouest. Nous sommes à l'autre bout de la Belgique. Il y a même des vignes qui s'étagent au soleil. Mais quelque trois cents kilomètres à peine séparent Ostende de Virton!

Deux grands fleuves navigables — l'Escaut et la Meuse — traversent la Belgique du sud au nord. Au cours de deux millénaires, ils n'ont cessé d'unir leurs riverains, d'engendrer des solidarités et de charrier les grands courants culturels.

L'Escaut est, par excellence, le fleuve de la mer et c'est sur ses rives, à Tournai, que la dynastie mérovingienne se créa et se renforça avant de s'orienter vers Paris. A l'époque de l'art roman, le mouvement se fit dans l'autre sens : les influences prépondérantes s'exercèrent à partir de la France. A Tournai encore et à Soignies s'élevèrent les monuments religieux les plus significatifs du domaine scaldien, l'un et l'autre apparentés à l'esthétique normande.

Très vite la cathédrale de Tournai fit souche et ses rameaux se développèrent dans la plaine flamande et en Brabant, singulièrement à Gand et à Bruges. Le courant scaldien se maintint toujours aussi puissant à l'âge du gothique, mais avec une originalité de plus en plus accusée et une évidente perméabilité au courant mosan.

Faut-il le dire? C'est à l'Escaut qu'Anvers doit sa prestigieuse vocation portuaire.

La Meuse est, dans sa majeure partie, le fleuve de la forêt. Dans son bassin naquit la dynastie des Pippinides qui prit le relais de celle des Mérovingiens et, sous le règne de Charlemagne, dilata la chrétienté jusqu'à l'Elbe. Il en résulta, par la suite, une large ouverture aux influences germaniques. Le prince-évêque Notger, le véritable fondateur de la grandeur de Liège, était un Souabe nommé par l'empereur Otton Ier, et c'est tout naturellement que l'église Saint-Jean fut édifiée sur le plan octogonal de la chapelle palatine d'Aix.

Pendant des siècles, un intense dialogue culturel se poursuivit entre la région rhénane et la région mosane. Facteur décisif, dès l'Antiquité, de relations continues entre les bassins de la Meuse et de l'Escaut, une route les traversa d'est en ouest. Elle relia Cologne à Boulogne et, plus tard, à Bruges, dont le port fut hanté de marchands qui chargeaient la production locale de draps et déchargeaient les laines d'Angleterre et d'Espagne, les épices et les produits de l'Orient.

Plus que nul autre pays au monde, la Belgique est une terre de villes. Cela s'explique assurément par la densité de la population : 327 habitants par kilomètre carré. Chaque ville a son caractère propre, hérité de ses origines diverses et de ses rivalités anciennes, mais les principales ont en commun un passé marqué par la volonté d'autonomie et la soif de libertés.

La position géographique des principautés belges, le développement économique de leurs villes et la convergence des intérêts rendirent indispensable la conclusion d'alliances successives. Celles-ci constituent la préface au rassemblement « fédéral » entre les mains des ducs de Bourgogne et singulièrement de Philippe le Bon (1419-1467). Et, comme pour renforcer la solidité des liens établis par la dynastie, peintres, sculpteurs, architectes, musiciens et écrivains de ce « Siècle d'Or » donnèrent à l'Europe culturelle le témoignage d'une mentalité commune et d'une civilisation originale. Qu'il nous suffise de citer les frères van Eyck, Rogier van der Weyden, Hans Memling.

Par le mariage de Marie de Bourgogne, fille unique de Charles le Téméraire, mort à Nancy en 1477, avec Maximilien d'Autriche, les « bas pays au bord de la mer » passèrent à des souverains de la Maison de Habsbourg. Il en résulta une européanisation qui, à ses débuts, fut d'un éclat exceptionnel. Sous le règne de Charles Quint (1500-1555) qui libéra totalement les XVII Provinces de l'emprise étrangère, le pays continua d'être le plus riche d'Occident. Hanté par des milliers de marchands et de banquiers européens, mais aussi des dizaines d'artistes et de savants, Anvers mérita incontestablement le titre de Métropole de l'Occident.

Mais l'attachement viscéral aux libertés — les religieuses et les autres — entraîna la révolte contre l'autoritarisme et l'intolérance de Philippe II. Il en résulta le déchirement des XVII Provinces en deux entités : les Provinces Unies calvinistes du nord (les futurs Pays-Bas) et les Pays-Bas méridionaux catholiques (la future Belgique et le Luxembourg). Se succédèrent alors des souverains étrangers et des occupants. Mais ces siècles de guerres et d'humiliations, jalonnés de période de reprise économique, resserrèrent les liens entre les provinces méridionales. Ils ne tarirent pas la source de création artistique et littéraire. Brueghel et Patenier au XVIe siècle, Rubens, van Dyck et Jordaens au XVIIe, le prince de Ligne et Grétry au XVIIIe en témoignent à suffisance.

Bien qu'involontaire en ses origines, la rupture des XVII Provinces provoqua la formation progressive, au nord et au sud, de mentalités différentes, de divergences religieuses et de rivalités commerciales. Aussi bien, au Congrès de Vienne de 1814-1815, les puissances victorieuses de Napoléon se trompèrent lourdement en décidant que les Belges et les Hollandais formeraient le Royaume-Uni des Pays-Bas. Ce mariage imposé comportait de grands avantages économiques mais il ne résista pas à des incompatibilités d'humeur, jointes aux maladresses du roi Guillaume Ier. Quinze années après sa conclusion, ce fut la révolution victorieuse de 1830. Les Belges touchaient enfin au but de nombreux siècles de lutte. Ils s'organisèrent en un Etat indépendant et choisirent le régime de la monarchie constitutionnelle et parlementaire.

Les premiers historiens belges ne manquèrent pas de réagir contre ceux qui, à l'étranger, présentaient la neuve Belgique comme un Etat conventionnel. Jean-Baptiste Nothomb, le plus talentueux d'entre eux — homme politique et diplomate, par ailleurs — écrivit en 1833, dans son Essai historique et politique sur la Révolution belge : « Si, depuis plus de deux siècles, l'histoire nous montre les Belges constamment à la suite d'un autre peuple, cette condition n'a jamais été de leur choix : ce qui le démontre, c'est qu'à travers toutes les dominations étrangères, ils sont restés eux-mêmes. L'Espagne n'a pas réussi à les rendre espagnols, l'Autriche, autrichiens, la Hollande, hollandais. Au XVIe siècle, ils ont fait une révolution contre l'Espagne, au XVIIIe contre l'Autriche, au XIXe contre la Hollande. Si, comme on le prétend, ce peuple ne renferme pas en lui-même aucun principe d'existence, comment se fait-il qu'il ait résisté à tant de catastrophes ? S'il n'a pas de nationalité propre, pourquoi n'a-t-il pas accepté de nationalité étrangère ? Il n'a même pas voulu de la France qui ne l'a possédé vingt ans que par la conquête. Il s'est tu devant Napoléon comme il s'était tu devant Louis XIV; il les a laissé passer. On a déployé sous ses yeux tous les drapeaux; il y en avait de brillants, il y en avait sur lesquels étaient inscrits des siècles de gloire; il n'a adopté aucun des drapeaux. Il s'en est fait un à lui-même. »

Elu premier roi des Belges par le Congrès national, Léopold de Saxe-Cobourg-Gotha (r. 1831-1865) ne se contenta pas d'asseoir solidement la position internationale du jeune Etat belge; « esprit manipulateur », comme disait Metternich, il fut l'arbitre de l'Europe de son temps.

Sous le règne de Léopold II, de 1865 à 1909, la Belgique se

het even welk ander land ter wereld. Dit houdt natuurlijk verband met de bevolkingsdichtheid (327 inwoners per vierkante km). Elke stad heeft haar eigen cachet, dat o.a. bepaald wordt door haar oorsprong en rivaliteiten die ooit tussen steden hebben bestaan, maar ze hebben ook een gemeenschappelijk verleden dat gekenmerkt is door een zelfde streven naar vrijheid en zelfbestuur.

De ligging van de Belgische vorstendommen, de bloei van de steden en gelijkgerichte belangen leidden tot de sluiting van vaak onbestendige verbonden. Het waren enigszins voorboden van de « federatieve » vereniging van « de landen van herwaarts over » onder de hertogen van Bourgondië (van het Huis Valois), vooral onder de « Conditor Belgii » (= stichter van België) Filips de Goede (1419-1467). De door dit vorstenhuis gelegde banden werden als het ware nog meer kracht bijgezet door de schilders, beeldhouwers, bouwmeesters, componisten en schrijvers van deze « Gouden Eeuw », die de groeiende verstandhouding en het eigen karakter van deze beschaving op Europees vlak vertolkten. We vermelden slechts enkele namen : de gebroeders Van Eyck, Rogier van der Weyden, Hans Memling.

Door zijn huwelijk met Maria van Bourgondië, de enige dochter van de in 1477 te Nancy omgekomen Karel de Stoute, kwam Maximiliaan van Oostenrijk en meteen ook het Huis Habsburg in de Lage Landen aan de macht. Deze europeanisatie ging aanvankelijk gepaard met een haast ongeëvenaarde luister. Ten tijde van Karel V (1500-1555), die de XVII Provinciën aan alle vormen van buitenlandse inmenging onttrok, was het land het rijkste van Europa. Antwerpen, de ontmoetingsplaats van duizenden kooplieden en bankiers, van tientallen kunstenaars en geleerden, verdiende terecht de metropool van West-Europa genoemd te worden.

De diepgewortelde gehechtheid aan de vrijheden — de godsdienstvrijheid en de andere — leidde tot de opstand tegen het eigenmachtig optreden en de onverdraagzaamheid van Filips II met als gevolg het uiteenbarsten van de XVII Provinciën in twee stukken : de calvinistische Verenigde Provinciën in het Noorden (nu het Koninkrijk der Nederlanden) en de katholieke Zuidelijke Nederlanden (nu België en Luxemburg). In deze Zuidelijke Nederlanden volgden buitenlandse heersers en bezetters elkaar op, maar de soms door periodes van economisch herstel onderbroken eeuwen van oorlog en vernedering brachten ook een versterking van de wederzijdse banden tussen de verschillende streken met zich mee. Ook op artistiek en literair vlak bleef de vlam branden. De werken van Brueghel en Patinir in de 16de, die van Rubens, Van Dijck, Jordaens in de 17de en die van de prins de Ligne en Grétry in de 18de bewijzen het ten overvloede.

Alhoewel oorspronkelijk niemand de breuk tussen de XVII Provinciën had gewild, bracht de gescheiden ontwikkeling geleidelijk aan een vervreemdingsproces op gang, dat door godsdienstige verschillen en tegenovergestelde handelsbelangen werd aangewakkerd. De vertegenwoordigers van de mogendheden die Napoleon hadden verslagen, begingen dan ook een flater van formaat, toen ze tijdens het Congres van Wenen (1814-1815) besloten Noord en Zuid samen te voegen en er het Verenigd Koninkrijk der Nederlanden van te maken. Niettegenstaande zijn economische voordelen was dit onvrijwillige huwelijk niet bestand tegen de uiteenlopendheid van karakter der huwelijkspartners en de onhandigheid van Willem I. Toen de gemeenschap van goederen vijftien jaar had geduurd, brak de Revolutie van 1830 uit en kon het zegevierende Belgische volk eindelijk een streep zetten onder een eeuwenoude strijd. Het vormde een onafhankelijke staat en koos als regeringsstelsel de grondwettelijke en parlementaire monarchie.

De eerste Belgische historici lieten niet na de buitenlanders terecht te wijzen die het nieuwe België als een zuiver formele constructie beschouwden. De meest begaafde onder hen, Jean-Baptiste Nothomb, tevens politicus en diplomaat, schreef in zijn « Historische en politieke verhandeling over de Belgische Omwenteling » : « De Belgen hebben weliswaar meer dan twee eeuwen lang voortdurend onder de heerschappij van een of andere buitenlandse mogendheid geleefd, maar niet uit eigen wil. Dit blijkt uit het feit dat ze alle buitenlandse overheersing ten spijt hun eigen aard hebben bewaard. Spanje is er niet in geslaagd ze te verspaansen, noch Oostenrijk om er Oostenrijkers, noch Holland om er Hollanders van te maken. In de 16de eeuw kwamen de Belgen in opstand tegen Spanje, in de 18de tegen Oostenrijk, in de 19de tegen Holland. Als het waar was, zoals sommigen beweren, dat dit volk geen eigen nationaal bewustzijn heeft, hoe is het die vele tegenslagen te boven kunnen komen? Als het geen eigen volkskarakter, geen eigen nationaliteitsgevoel heeft, waarom heeft het zich dan niet door een vreemde natie laten inlijven? Twintig jaar nadat het voor de Franse militaire overmacht was gezwicht, heeft het zelfs Frankrijk een blauwtje laten lopen. Napoleon kwam zoals Lodewijk XIV was gekomen: België ploegde voort. Het kon zich verlustigen in het zien voorbijtrekken van alle vlaggen, hoe roemrijk en met eeuwenoude luister omhangen ze ook mochten wezen, het schiep zijn eigen vlag in plaats van die van een ander land tot de zijne te maken.

Leopold van Saksen-Coburg-Gotha, de eerste koning der Belgen (1831-1865), beperkte er zich niet toe de jonge Staat op een stevige internationale grondslag te vestigen. Deze « vingervaardige geest », zoals Metternich hem noemde, was een van de scheidsrechters van het Europa van zijn tijd.

Leopold II (1865-1909) maakte van zijn land de vierde belangrijkste economische macht ter wereld. Hij vond het land te klein voor de onstuimige industriële bedrijvigheid van zijn bevolking. Daarom belastte hij ze met de bescherming van het hart van Afrika tegen de slavenhandel en met de ontginning ervan. Belgisch Kongo bleef een kolonie tot in 1960, toen België het gebied spontaan zijn onafhankelijkheid verleende.

« Het meest kwetsbare land ter wereld » werd door de twee wereldoorlogen geteisterd. In 1914 deed het Belgisch leger onder de leiding van koning Albert, in 1940 onder het bevel van Leopold III soms veel meer dan zijn plicht en kwam het alle internationale verplichtingen na.

Na de Tweede Wereldoorlog ging België onder de regering van koning Boudewijn geleidelijk aan en soms met horten en stoten over tot een federaal staatsbestel. De drie Gemeenschappen — de Vlaamse, de Frans- en de Duitstalige — en de drie Gewesten — het Vlaamse, het Waalse en Brussel-hoofdstad — hebben nu een ruim zelfbeschikkingsrecht wat betreft de materies waarvoor ze volgens de hervormde grondwet bevoegd zijn. De tijdens het Franse bewind ingevoerde, monolithische, sterk gecentraliseerde staatsstructuur heeft het veld geruimd voor een structuur die meer rekening houdt met de eigentijdse werkelijkheid en het pluralisme op cultureel vlak. Zoals koning Boudewijn naar aanleiding van de nationale feestdag op 21 juli 1993 in zijn politiek testament verklaarde, kunnen deze nieuwe, vrij ingewikkelde instellingen slechts goed werken, als de Belgen blijk geven van « federale burgerzin ». De nieuwe, zesde koning van het land Albert II heeft ter gelegenheid van zijn troonsbestijging op 9 augustus 1993 eveneens daarop gewezen.

Tegelijkertijd heeft België actief deelgenomen aan de internationale ontwikkeling. Het trad toe tot de economische unie van de Benelux, werd medestichter van de Verenigde Naties en de daarvan afhangende gespecialiseerde instellingen en werd bovendien lid van de NAVO, die na de terugtrekking van Frankrijk haar hoofdzetel in België is komen vestigen. België is eveneens een van de zes oprichters van de Europese Gemeenschap voor Kolen en Staal en ondertekende het Verdrag van Rome al in 1957. Dit verklaart waarom Brussel nu, weze het ook nog niet rechtens, toch feitelijk de hoofdstad van de Europese Gemeenschap is, die nog steeds, o.a. ook met het Verdrag van Maastricht, op een vollediger eenwording van Europa aanstuurt.

haussa au rang de quatrième puissance commerciale du monde. Estimant son sol trop étroit pour la débordante activité industrielle du pays, Léopold II lui donna le cœur de l'Afrique à défendre contre les marchands d'esclaves et à mettre en valeur. Le Congo fut colonie belge jusqu'en 1960, date à laquelle la Belgique lui donna spontanément l'indépendance.

Les deux guerres mondiales n'épargnèrent pas « le pays le plus exposé de la terre ». En 1914, sous le commandement du roi Albert, et en 1940 sous celui du roi Léopold III, l'armée belge fit son devoir, remplissant intégralement les obligations des traités internationaux.

Au lendemain de la Seconde Guerre mondiale, sous le règne du roi Baudouin, la Belgique s'est engagée — non sans difficultés ni heurts — dans un processus de fédéralisation qui assure désormais aux trois Communautés — flamande, française et germanophone — et aux trois Régions — flamande, wallonne et de Bruxelles-Capitale — une large autonomie de gestion dans les matières que leur ont attribuées les réformes constitutionnelles. Elle a ainsi rompu avec la centralisation d'un Etat unitaire, héritée de l'occupation française et ne correspondant plus aux réalités d'un Etat pluriculturel. Selon les mots du roi Baudouin dans son message-testament du 21 juillet 1993, le bon fonctionnement de ces institutions relativement complexes postule un « civisme fédéral ». Le roi Albert II, devenu sixième roi des Belges, en a rappelé la nécessité dans son discours inaugural du 9 août 1993.

En même temps, le pays s'est efforcé de jouer un rôle international actif. Partie prenante de l'union économique Benelux, membre fondateur de l'Organisation des Nations-Unies et des autres institutions spécialisées du système de l'O.N.U., il est intégré dans l'Organisation du Traité de l'Atlantique Nord dont il abrite le siège. De la Communauté européenne du Charbon et de l'Acier, la Belgique fut l'un des six membres fondateurs; elle le fut aussi de la C.E.E. à Rome en 1957. Tout naturellement, Bruxelles réalise sa vocation de capitale de fait, sinon de droit, de l'Europe de l'après-Maastricht.

In Belgium the roads rise rapidly towards the forest and descend as rapidly towards the sea, for the distances are very short. Hardly has one left the coast than one is in the heart of Flanders where the villages straggle into one another to form little towns. South of the Sambre and Meuse line a series of sandstone ridges, as parallel as a furrowed brow, announce the wooded crests of the Condroz. In Famenne rivers disappear into rocky clefts, plunging into underground watercourses, only to reappear elsewhere as new rivers. The shield of the Ardennes lifts towards Germany where it continues as the Eifel. It rises in successive waves to reach more than 600 meters in some places. The rivers are deflected by these rocky outcrops and meander back and forth in the depths of the forest. The Antier forest marks the end of the Ardennes, protecting the Gaume from the north and north-west winds. We are now on the far side of Belgium where there are even vineyards. And yet, only some 300 kilometers separate Ostend and Virton.

Two great navigable rivers — the Scheldt and the Meuse — cross Belgium from south to north. During two millenia they have served to unite the people dwelling on their banks, to provide a social focus and to disseminate broad cultural currents.

The Scheldt is, above all, the river of the sea and it is on its banks, at Tournai, that the Merovingian dynasty arose and consolidated before turning towards Paris. During the Romanesque period the movement was reversed, the most important artistic influences coming from France. The most imposing religious architecture of the Scaldian region, related to the Norman style, was built at Tournai and Soignies.

The style of Tournai cathedral took root rapidly and branches were developed in the Flemish plain and in Brabant, particularly at Ghent and Bruges. This Scaldian style continued to dominate during the Gothic period, acquiring an even more marked originality due to Mosan influences.

And of course the pre-eminence of Antwerp as a port is due to the Scheldt.

The Meuse is, for the greater part, the river of the forest. In its basin rose the family of the Pepins which later seized power from the Merovingians as the Carolingian dynasty. Christianiy spread as far as the Elbe, resulting in Germanic influences. Prince-Bishop Notger, the true architect of the grandeur of Liège, was a Swabian appointed by Emperor Otto I. Thus it is not by chance that the church of Saint John is built on an octogonal plan similar to the Palatine chapel in Aachen. Over the centuries there were intense cultural exchanges between the regions of the Rhine and the Meuse.

A very important factor, dating from antiquity, was the close relationship between the basins of the Meuse and the Scheldt due to the road running from east to west, linking Cologne to Boulogne. It was later extended to Bruges which imported the wool of Spain and England, as well as spices and goods from the Orient, and exported the local cloth.

The population density of Belgium — 327 inhabitants per square kilometer — makes it a highly urbanized country. Each town has its own personality, formed by its local history and traditional rivalries, but the largest ones have in common a past marked by the desire for liberty and independence.

These communal liberties and exemptions were often extended in the provincial charters, notably the one that Duchess Jeanne of Brabant and her husband Wenceslas of Luxemburg were forced to grant at their Joyeuse Entrée of January 3, 1356.

The geographic position of the Belgian principalities, the economic development of their towns and other common interests made successive alliances necessary. These were the prelude to the « federal » system of the Valois Dukes of Burgundy, particularly under Philip the Good (1419-67) the « Founder of Belgium ». As if to emphasize the strength of the union established by the dynasty, a « Golden Age » of paint-

Wer in Belgien bergauf fährt, befindet sich nach kurzer Zeit in einem Wald; fährt er talwärts, dann steht er auf einmal vor der Nordsee. Die Entfernungen sind kurz. Kaum hat man das Küstengebiet verlassen, ist man schon mitten in Flandern, wo die nahe beieinander liegenden Dörfer kleine Städte bilden. Südlich des Beckens von Samber und Maas kündigt eine Reihe parallel verlaufender, runzelartiger Sandsteinschichten in der Landschaft die bewaldeten Höhen des Condroz an. In der Gegend der Famenne verschwinden die Bäche im gespaltenen Felsgestein, tosen in « Schalltrichtern » und quellen in anderen Talschluchten wieder hervor. Schon sind wir in der Nähe der Ardennen. Wie ein nach Deutschland hin gewölbter Schild gehen sie allmählich in die Eifel über und erreichen in ihrem stufenmäßigen Aufstieg stellenweise eine Höhe von mehr als 600 m über dem Meeresspiegel. Die durch Gebirgsrücken aufgehaltenen Bäche schlängeln sich in bizarren Windungen durch das alles beherrschende Gebüsch. Der Wald von Anlier ist der letzte Ausläufer der Ardennen. Er überragt die Gaumer Gegend und schirmt sie gegen Nord- und Nordwestwind ab. Wieder sind wir an der Grenze Belgiens. Hier liegt Sonne über Flächen, die mit Weinreben bepflanzt sind. Doch Ostende und Virton sind kaum 300 km voneinander entfernt.

Zwei große, schiffbare Flüsse, die Schelde und die Maas, fließen von Süden nach Norden durch das Land. Schon zwei Jahrtausende lang fungieren sie als Bindeglieder zwischen den Anwohnern, schufen Gemeinsamkeiten und ermöglichten großen kulturellen Strömungen ihr weiteres Vordringen.

Die Schelde ist das Paradebeispiel eines seewärtigen Flusses. An ihren Ufern sammelten die Merowinger ihre Kräfte, bevor sie nach Paris vorstießen. In der Blütezeit der romanischen Kunst vollzog sich der Austausch in umgekehrter Richtung und kam der Einfluß vor allem aus Frankreich. In Tournai und Soignies entstanden die zum großen Teil an Leitbildern aus der Normandie orientierten religiösen Bauten, die für das Stromgebiet der Schelde maßgebend wurden. Sehr bald erhoben sich auch in der flandrischen Ebene und in Brabant, hauptsächlich in Gent und Brügge, kirchliche Bauten in Nachfolge der Kathedrale von Tournai. Typische Baumerkmale kennzeichnen ebenfalls die gotischen Kirchen des Scheldebeckens, wobei die eigenartigen Züge die größere Aufgeschlossenheit gegenüber Einwirkungen aus dem Maasland nicht im geringsten beeinträchtigten. Hinzu kommt natürlich auch, daß Antwerpen der Schelde seine Entwicklung als Hafenstadt verdankt.

Die Maas ist über weite Strecken hin waldumsäumt. In ihrem Stromgebiet bauten die Karolinger ihre Vormachtstellung aus, während an die Stelle der Merowinger traten und unter Karl dem Großen die Grenzen der Christenheit bis an die Ufer der Elbe verschoben. Daraus ergab sich in der Folgezeit ein Überwiegen germanischer Einflüsse. Notker, der eigentliche Gründer und große Fürstbischof Lüttichs, war ein von Otto I. ernannter Schwabe. Es braucht uns also nicht wunderzunehmen, daß z. B. die Johanneskirche nach dem Grundriß des achteckigen Aachener Doms gebaut wurde. Dies war der Anfang eines jahrhundertelangen kulturellen Austauschs innnerhalb des Rhein-Maas-Gebiets.

Die wechselseitigen Beziehungen zwischen Schelde und Maas wurden seit dem Altertum entscheidend durch die in ostwestlicher Richtung verlaufende Heeresstraße gefördert, die Köln mit Boulogne, später mit Brügge verband. So wurde Brügge zum Handelszentrum, in dem Kaufleute die Erzeugnisse der eingesessenen Leinweber gegen Wolle aus England und Spanien oder Gewürze und andere Waren aus dem Orient austauschten.

Die durch die Bevölkerungsdichte — 327 Einwohner pro Quadratkilometer — mitbedingte Verstädterung hat Belgien mehr als jedes andere Land geprägt. Jede Stadt hat ihre eigenen, auf ihre Enstehungsgeschichte oder vergangene Rivalitätskämpfe zurückzuführenden Wesensmerkmale, doch dasselbe Ringen um Freiheit und Selbstverwaltungsrecht verbindet seit langem vor allem die größeren Städte miteinander.

Die geographische Lage der belgischen Herzogtümer und

Grafschaften, das wirtschaftliche Wachstum der Städte sowie Interessengemeinschaft führten unvermeidlich zu einander ablösenden Bündnissen, sozusagen einem Vorspiel zum «föderalen» Zusammenschluß unter den Herzögen von Burgund (aus dem Hause Valois), ganz besonders unter dem «Conditor Belgii» (= Gründer Belgiens) Philipp dem Guten (1419-1467). Wie um die Festigkeit dieser dynastisch gestifteten Bande unter Beweis zu stellen, beschenkten und bereicherten die Maler, Bildhauer, Musiker und Schriftsteller dieses «goldenen Jahrhunderts» Europa mit Werken, in denen eine gemeinsame Gesinnung und eine eigenartige, bodenständige Kultur zum Ausdruck gelangt. Es genüge, die Namen der Gebrüder Van Eyck, Rogier van der Weydens, Hans Memlings zu nennen.

Nachdem Maria von Burgund, die einzige Tochter des 1477 vor Nancy verschollenen Herzogs Karls des Kühnen, Maximilian von Österreich geheiratet hatte, kamen die Habsburger in den Niederlanden zum Zuge. Die Folge war eine Europäisierung, die zuerst glanzvoll zu werden versprach. Unter Karl V., der jede fremde Einmischung in den XVII Provinzen unterbunden hatte, blieb das Land das reichste Westeuropas. Antwerpen war eine Stadt, in der nicht nur Tausende Kaufleute und Bankiers, sondern auch Künstler und Gelehrte sich trafen und wurde nicht zu Unrecht als die Metropole der westlichen Welt bezeichnet.

Das beharrliche Bestehen auf heute selbstverständlichen Rechten — u.a. dem Recht auf Glaubensfreiheit — führte zum Aufstand gegen die Herrschsucht und die Unduldsamkeit Philipps II. und zur Spaltung der XVII Provinzen in zwei Teile: die kalvinistischen Vereinigten Provinzen im Norden (die heutigen Niederlande) und die katholischen Niederlande im Süden (heute Belgien und Luxemburg). In den südlichen Niederlanden lösten danach ausländische Herrscher und Besatzungstruppen einander ab, doch während dieser von kurzen Perioden wirtschaftlichen Auflebens unterbrochenen Jahrhunderte der Kriegswirren und Erniedrigung wuchsen die verschiedenen Landesteile auch enger zusammen. Die Quellen künstlerischer Bewältigung und literarischen Schaffens hörten übrigens auch nicht auf zu fließen: Brueghel und Patinir im 16., Rubens, Van Dijck und Jordaens im 17., der Fürst de Ligne und Grétry im 18.Jh. beweisen das zur Genüge.

Die anfangs eigentlich ungewollte Spaltung der XVII Provinzen zog im Laufe der Zeiten eine Auseinanderentwicklung der Denkart im Norden und im Süden nach sich, die durch religiöse Unterschiede und wirtschaftliche Interessenkollisionen geschürt wurde. Daß dies von den Besiegern Napoleons nicht zur Kenntnis genommen worden war, führte auf dem Wiener Kongreß (1814-1815) zu der Fehlentscheidung, Belgier und Holländer im Königreich der Niederlande vereinen zu wollen. Diese durch Zwang zustande gekommene Heirat bot zwar wirtschaftliche Vorteile, doch sie scheiterte schließlich an der Unverträglichkeit der Partner und am Mangel an Geschicklichkeit Wilhelms I. Fünfzehn Jahre später ließ die siegreiche Revolution von 1830 die Belgier nach jahrhundertelangem Warten das Ziel ihrer Träume erreichen. Sie bildeten einen unabhängigen Staat und wählten die verfassungsmäßige, parlamentarische Monarchie als Staatsform.

Die ersten belgischen Historiker versäumten kaum eine Gelegenheit, denen ins Gewissen zu reden, die den neuen Staat im Ausland als ein rein vertragsmäßiges Gebilde abtaten. J.-B. Nothomb, einer der begabtesten — er war zugleich Politiker und Diplomat —, schrieb 1833 in seinem «Historischen und politischen Essay über die belgische Revolution»: «Wenn sich Belgien seit zwei Jahrhunderten ununterbrochen in der Obhut anderer Völker befunden hat, geschah dies, weil es keine andere Wahl hatte. Die Tatsache, daß es unter den sich ablösenden ausländischen Mächten seinem eigenen Volkscharakter treu geblieben ist, beweist das. Es ist weder den Spaniern gelungen, die Belgier zu hispanisieren, noch den Österreichern, sie in Österreicher, noch den Holländern, sie in Holländer zu verwandeln. Im 16. Jh. erhoben sie sich gegen Spanien, im 18. gegen Österreich, im 19. gegen Holland. Wenn dieses Volk, wie behauptet wird, kein es begründendes Lebensprinzip in sich trägt, wie hat es dann so viele Mißgeschicke überstehen kön-

ers, sculptors, architects, musicians and writers presented Europe with a distinctive culture demonstrating a common mentality and a unique civilization: the van Eyck brothers, Hans Memling, Roger van der Weyden.

When Mary of Burgundy, the only child of Charles the Rash who died at Nancy in 1477, married Maximilian of Austria, the «low countries on the edge of the sea» passed to the House of Hapsburg. The result was a Europeanization which, at its beginning, was of exceptional brilliance. Under Charles the Fifth (1500-55) who freed the Seventeen Provinces completely from foreign domination, the country was the wealthiest of the Occident. Not only thousands of merchants and European bankers, but dozens of artists, scholars and scientists made Antwerp the acknowledged Metropolis of the West.

However, this deep-seated attachment to liberty, both religious and civil, led to the revolt against the autocratic and intolerant Philip II. As a result the Seventeen Provinces were torn asunder, forming the Calvinist United Provinces in the north — the future Holland, or Netherlands — and the Catholic Low Countries in the south, the future Belgium and Luxembourg. Thence succeeded a series of foreign rulers and occupants. However, these centuries of war and humiliation, mitigated occasionally by periods of economic recovery, strengthened the bonds between the southern provinces. Literary and artistic creativity was never stifled, as is seen by Breughel and Patenier in the 16th century, passing by Rubens, Van Dyck and Jordaens in the 17th, to the Prince de Ligne and Grétry in the 18th.

Although at the beginning the scission of the Seventeen Provinces was felt as a calamity in both the north and south, there gradually arose different mentalities, based on religious differences and commercial rivalries. Thus it was that after the defeat of Napoleon, the victorious powers at the Congress of Vienna (1814-15) were gravely mistaken when they decided that the Belgians and the Dutch would form a United Kingdom of the Low Countries. This forced marriage presented great economic advantages but could notwithstand personal animosities as well as the heavy-handedness of King William I. Fifteen years after the union came the successful revolution of 1830. The Belgians finally achieved their goal after centuries of struggle, organizing an independent state under a constitutional monarch and a Parliament.

The first Belgian historians reacted strongly to those foreign writers who considered the new Belgium as an artificial state. The most talented among these historians was the politician and diplomat Jean-Baptiste Nothomb who wrote in his Historical and Political Essay on the Belgian Revolution of 1883 «Even though more than two centuries of history have shown the Belgians constantly under the tutelage of another people, this has never been by their own choice. What can be demonstrated is that despite all this foreign domination, they have remained themselves. Spain could not make them Spanish, nor Austria Austrian, nor Holland, Dutch. In the 16th century they revolted against Spain, in the 18th against Austria, in the 19th against Holland. If, as is claimed, this people does not have any real claim to exist, why did they withstand so many catastrophes? If the Belgians do not have a true nationhood, why did they not accept a foreign one? They even resisted the French who held them for twenty years by conquest. They endured under Napoleon as they had under Louis XIV. Flags were unfurled before them, many of them brilliant and glorious, but they adopted none of them. They made their own flag.»

Leopold of Saxe-Cobourg-Gotha (reigned 1831-65), elected the first King of the Belgians by the National Congress, was as Metternich said, «a master manipulator». He not only consolidated the international position of the young Belgian state but established himself as one of the arbiters of Europe at that time.

During the reign of Leopold II (1865-1909), Belgium rose to become the fourth commercial power in the world. Feeling that Belgium itself did not present enough scope for the abundant industrial energy of his citizens, he gave them the heart of Africa to develop and to defend against slavery. The Congo was Belgian until 1960 when it was granted freely its independence.

The two World Wars did not spare «the most vulnerable country in the world». In 1914, under the command of King Albert, and in 1940 under King Leopold III, the Belgian army did its duty, fulfiling international treaty obligations.

After the Second World War, under King Baudouin, Belgium began the difficult process of federalization which will henceforth ensure a greater autonomy to the three linguistic communities — Flemish, French and German — and the three regions — Flanders, Wallonia and Brussels Capital — in the domains specified by the constitutional reforms. The state has thus broken with the centralizing policies of a unitary state, a heritage of the French occupation which no longer corres- pond to the realities of a multicultural state. The late King Baudouin, in his valediction on the occasion of the Festival of the Dynasty, July 21, 1993 said that to function properly these complex institutions postulated «federal public-spiritedness». King Albert II, the sixth King of the Belgians, also stated this necessity in his inaugural address of August 9, 1993.

At the same time the state has continued to play an active international role. Member of the Benelux economic union, founding member of the United Nations and other specialized bodies of the U.N., it is also part of the North Atlantic Treaty Organization and hosts its headquarters. Belgium was one of the founding members of the European Coal and Steel Com- munity and also of the E.E.C. in Rome in 1957. Brussels con- tinues its vocation as the *de facto*, if not titular, capital of post-Maastricht Europe.

nen? Falls es kein Nationalbewußtsein hat, warum hat es sich dann nicht in eine andere Nation eingegliedert? Es hat Frank- reichs Anspruch zurückgewiesen, das es nur zwanzig Jahre zu besetzen vermochte. Vor Napoleon hat es sich in Schweigen gehüllt wie vor Ludwig XIV. und hat gewartet, bis sie vorbeige- zogen waren. Alle Fahnen, gleißende und von jahrhunderteal- tem Ruhm umhüllte, hat man vor diesem Volk entrollt; es hat keiner zugejubelt, es hat sich seine eigene geschaffen. »

Nachdem ihn der nationale Kongreß zum König erwählt hatte, beschränkte sich Leopold von Sachsen-Koburg-Gotha (1831-1865) nicht darauf, die internationale Stellung des belgi- schen Staates zu festigen; sein «kombinierender Geist», wie Metternich sagte, machte ihn zum Schiedsrichter im damaligen Europa.

Unter der Regierung Leopolds II. (1865-1909) gelang es Bel- gien, bis zum vierten Platz in der Weltrangliste der Handels- mächte aufzusteigen. Da ihm das Land nicht groß genug schien, um den wirtschaftlichen Schaffensdrang seiner Bevölke- rung zu befriedigen, erteilte er dieser den Auftrag, das Herz Afrikas gegen die Sklavenhändler zu verteidigen und dessen Bodenschätze nutzbar zu machen. Der Kongo blieb eine belgi- sche Kolonie bis im Jahre 1960, als ihm Belgien aus freien Stücken die Unabhängigkeit verlieh.

Das « exponierteste Land der Welt » wurde von beiden Welt- kriegen in Mitleidenschaft gezogen. 1914 nahm die belgische Wehrmacht unter Albert I, 1940 unter Leopold III ihre Pflicht auf sich und kam all ihren aus internationalen Verträgen hervorge- henden Verpflichtungen nach.

Nach dem 2. Weltkrieg vollzog das Land unter König Balduin nicht ohne Reibungen und Schwierigkeiten den Übergang zu einer föderativen Regierungsform, die den drei Gemeinschaften — der flämischen, der französich- und der deutschsprachigen — sowie den drei Regionen — Flandern, der Wallonie und Brüssel-Hauptstadt — weitgehend die Selbstverwaltung der ih- nen von der geänderten Verfassung zuerkannten Ressorts ge- währt. Das von der französischen Besatzung herrührende Mo- dell des zentralisierten Einheitsstaates wurde durch ein der Wirklichkeit und dem kulturellen Pluralismus des Staates besser angepaßtes ersetzt. Wie König Balduin am 21. Juli 1993 in sei- nem politischen Testament ausführte, sind diese neuen, oft komplexen Strukturen nur dann lebensfähig, wenn sie von « fö- deralem Staatsbewußtsein » getragen werden. Auf diesen Zu- sammenhang wies auch Albert II. am 9. August 1993 in seiner Antrittsrede als sechster König Belgiens hin.

Zugleich spielte das Land auch außenpolitisch eine aktive Rolle. Es schloß sich mit den anderen Beneluxstaaten zu einer Wirtschaftsunion zusammen, wurde Mitbegründer der Verein- ten Nationen sowie der von ihr abhängigen Hilfs- und Sonder- organisationen und Mitglied der NATO, deren Hauptquartier sich seit dem Ausscheiden Frankreichs in Belgien befindet. Es ist ferner eins der sechs Länder, die zusammen die Montanunion gründeten, und eins der Länder, die 1957 in Rom die Europäi- sche Gemeinschaft ins Leben riefen. So ist Brüssel zur Zeit die faktische, zwar noch nicht die rechtlich anerkannte Hauptstadt dieser Europäischen Gemeinschaft, die mittels der Maastrichter Verträge auf dem Weg zur Einigung fortzuschreiten bestrebt ist.

De **Grote Markt van Brussel** ontstond nadat het moeras er was drooggelegd. Reeds in de 12de eeuw werd er markt gehouden. Het plein speelde een steeds grotere rol op politiek en economisch vlak. Ter gelegenheid van toernooien en blijde inkomsten van vorsten schitterde het in alle pracht en praal. Na het bombardement door de Fransen in 1695 werden de huizen rond het plein in een Italiaans-Vlaamse stijl heropgebouwd die alle siervormen ten spijt de oude gotische bouwwijze indachtig bleef. Het veel later in neogotische bouwtrant gerestaureerde *Broodhuis* (1873-1895) lijkt op een pastiche van 16de-eeuwse gebouwen.

La **Grand-Place de Bruxelles** occupe l'emplacement d'un marais asséché. Le marché de la ville s'y tenait dès le XIIe siècle. Son importance ne cessa de grandir sur les plans politique et économique. Par surcroît, elle servait de cadre aux tournois et aux Joyeuses Entrées des souverains. La reconstruction de ses maisons, après le bombardement français de 1695, se fit dans un style italo-flamand qui, malgré l'exubérance décorative, respectait les anciennes structures gothiques. Reconstruite en style néo-gothique, la *Maison du Roi* (1873-1895) s'apparente à un pastiche du XVIe siècle.

The **Grand-Place of Brussels** stands on what was formerly a marsh, long since dried up. From the 12th century on the city market was held there and the square grew rapidly in political and economic importance. It also served as the site of tournaments and the *Joyeuses Entrées* of the rulers. Following the French bombardment of 1695 the houses surrounding the square were rebuilt in an Italo-Flemish style which, despite the exuberant decoration, respected the old Gothic forms. The neo-Gothic *Maison du Roi* built much later between 1873 and 1895 is a pastiche of the old 16th century style.

Der **Marktplatz von Brüssel** konnte erst entstehen, nachdem der dort befindliche Sumpf trockengelegt worden war. Bereits im 12. Jh. wurde dort Markt abgehalten. Seitdem stieg die politische und wirtschaftliche Bedeutung des Platzes fortwährend. Er gab Turnieren und fröhlichen Einzügen von Fürsten den ihnen angemessenen Rahmen. Nach der Bombardierung durch die Franzosen 1695 wurden die Häuser in italienisch-flämischem Stil wieder aufgebaut, wobei trotz der üppigen Ausschmückung die alten gotischen Strukturen beibehalten wurden. Die in neogotischem Stil restaurierte, auch « Haus des Königs » genannte Brothalle (1873-1895) ist Bauten des 16. Jh. nachgebildet.

△

In 1449 deed de Magistraat van Brussel een beroep op Jan van Ruysbroeck om het belfort, symbool van de gemeentelijke vrijheden, te vervangen en het **stadhuis** te bekronen De handigste architect van Filips de Goede bouwde in vijf jaar een waar kantwerk van steen dat uit één stuk uit de grond oprees tot een hoogte van negentig meter. Alhoewel de kanonniers van maarschalk de Villeroi in 1695 hun batterijen op de toren richtten, ontsnapte deze als bij wonder aan het bombardement.

Voulant remplacer le beffroi, symbole des libertés communales, et couronner l'**hôtel de ville**, le Magistrat de Bruxelles fit appel, en 1449, à Jan van Ruysbroeck. En cinq ans, le plus habile architecte de Philippe le Bon éleva une véritable dentelle de pierre qui surgit du sol d'un seul jet de nonante mètres de hauteur. En 1695, bien qu'elle servît de point de mire aux canonniers du maréchal de Villeroi, la tour échappa par miracle au bombardement.

◁

When it was decided to replace the belfry, the symbol of municipal freedom, and to build a tower over the **Town Hall**, in 1449, the Mayor of Brussels called in Jan van Ruysbroeck. In five years, Philip the Good's ablest architect built an edifice of stone lacework, rising to a height of almost 300 feet. Although Marshal de Villeroi's gunners used it as their target in 1695, the tower had a miraculous escape.

Um den Bergfried, das Sinnbild der städtischen Freiheit, zu ersetzen und das **Rathaus** zu krönen, wandte sich der Brüsseler Magistrat 1449 an Jan van Ruysbroeck. In fünf Jahren errichtete der geschickteste Baumeister Herzog Philipps des Guten ein regelrechtes Spitzenwerk aus Stein, das sich in einem einzigen Wurf vom Bodem bis zur Höhe von neunzig Metern emporschwingt. Obwohl er den Kanonieren des Marschalls de Villeroi 1695 als Zielpunkt diente, entging der Turm wie durch ein Wunder den Schüssen.

△

Heel wat zalen van het stadhuis van Brussel stad lijken echte museumzalen. De muren van de **burgemeesterkamer** hebben een wandbekleding in Lodewijk-XIV-stijl en zijn met twee reeksen boven elkaar hangende schilderijen verfraaid. De bovenste rij bestaat uit schilderijen die François Stroobant tussen 1866 en 1877 van Brusselse gebouwen en monumenten heeft gemaakt; de onderste bevat een reeks evocatieve schilderijen van Brussel in perspectief, in de 19de eeuw door Cardon geschilderd, die zich daarbij door de beroemde plattegrond van M. de Tailly (1639) liet inspireren.

Special permission is required to visit many of the offices in the Brussels town hall which are, in themselves, museums. The **office of the Mayor**, decorated in the style of Louis XIV, has a double row of paintings hung on the walls. The pictures of the upper row painted by François Stroobant between 1866 and 1877 portray old monuments of the capital. The lower row, painted by Cardon the 19th century, depicts plunging views of Brussels, based on the famous drawings by de Tailly, dating from 1639.

Beaucoup de bureaux de l'hôtel de ville de Bruxelles s'apparentent à d'authentiques salles de musée. Les murs du **cabinet du bourgmestre**, de style Louis XIV, sont ornés d'une double rangée de tableaux. Le niveau supérieur représente les monuments anciens de la capitale, peints par François Stroobant de 1866 à 1877. L'inférieur groupe d'évocatrices vues cavalières de Bruxelles, exécutées par le peintre Cardon (XIXᵉ siècle) d'après le célèbre plan de M. de Tailly datant de 1639.

Die Säle des Brüsseler Rathauses gleichen wirklichen Ausstellungsräumen in Museen. Die **Amtsstube des Bürgermeisters** ist im Louis XIV-Stil gestaltet, und an den Wänden hängen Gemälde in doppelter Anordnung übereinander. Die obere Reihe zeigt von 1866 bis 1877 von François Stroobant gemalte Darstellungen von Brüsseler Denkmälern, die untere besteht aus perspektivischen Zeichnungen, die der Maler Cardon (19. Jh.) herstellte, indem er vom berühmten Stadtplan Brüssels von M. de Tailly (1639) ausgehend Bilder der Stadt entwarf.

◁

De nog in de 16de eeuw druk bezochte vismarkt werd later door een **grasmarkt** vervangen, hetgeen de huidige naam van dit gedeelte van de straat verklaart, die de Coudenberg met de Grote Markt verbindt. In de 17de en 18de eeuw waren hier vooral luxezaken voor de welgestelde burgers.

Succédant au marché aux poissons encore actif au XVIᵉ siècle, le **marché aux herbes** donna son nom à la rue qui constitue une section de l'ancienne chaussée descendant du Coudenberg vers la Grand-Place. Aux XVIIᵉ et XVIIIᵉ siècles, ses nombreux magasins de luxe étaient fréquentés par la clientèle riche de la capitale.

Replacing the fish market which was still active in the 16th century, the **herb market** gave its name to the street forming part of the old road descending from the Coudenberg to the Grand-Place. In the 17th and 18th centuries its many luxury shops were patronized by the carriage trade of the capital.

Nachdem der im 16. Jh. noch dort florierende Fischmarkt einem **Grasmarkt** das Feld überlassen hatte, erhielt dieser Teil der Straße, die den Coudenberg mit dem Marktplatz verband, seinen heutigen Namen. Im 17. und 18. Jh. befanden sich da vor allem teure Geschäfte für die vornehme Kundschaft.

△

De Brusselaars houden bijzonder veel van **Manneken-Pis**, die in 1619 door Hiëronymus Duquesnoy werd gebeeldhouwd. Ze koesteren dit bronzen beeldje van amper 60 cm hoogte als een talisman. De kleerkast van de « oudste burger van Brussel » wordt bewaard in een der zalen van het *Broodhuis*. Zij bevat 265 klederdrachten.

Les Bruxellois sont très attachés au **Manneken-Pis** que Jérôme Duquesnoy sculpta en 1619. Ils considèrent cette statuette de bronze — elle mesure à peine soixante centimètres ! — comme un talisman. La garde-robe complète du « plus ancien citoyen de Bruxelles » — quelque deux cent soixante-cinq costumes — est conservée dans une salle de la *Maison du Roi*.

The natives of Brussels are very fond of their **Manneken-Pis** sculpted by Jerome Duquesnoy in 1619. The statue is only 60 cm high but is a mascot for the people of Brussels. The wardrobe of this « oldest of Brussels' citizens », consisting of some 265 costumes, is kept in one of the halls of the *King's House*.

Die Einwohner Brüssels haben dem 1619 von Jérôme Duquesnoy gegossenen **Manneken-Pis** ihr Herz verpfändet. Für sie ist diese kleine, kaum 60 cm hohe Bronzestatue ein Talisman. Die vollständige Garderobe des « ältesten Bürgers von Brüssel », umfaßt nicht weniger als 265 Trachten, die in einem Saal des *Hauses des Königs* aufbewahrt werden.

◁
H. Coosemans ontwierp het uitstekend bewaard gebleven neorenaissancistische interieur van de **taveerne «Cirio»**, Beursstraat 18-20. Ze dateert van 1909 niettegenstaande het jaartal 1886 dat op de tapkast prijkt.

Aux numéros 18-20 de la rue de la Bourse, le décor néo-Renaissance de la **taverne «Cirio»**, œuvre de H. Coosemans, est remarquablement conservé. Il date de 1909, en dépit du millésime 1886 inscrit sur le comptoir en bois.

The neo-Renaissance decor of the **tavern Cirio** at 18-20 rue de la Bourse, is the work of H. Coosemans, dating from 1909. The remarkably well-preserved interior is probably contemporary, despite the date of 1886 on the wooden counter.

Die sehr gut erhaltene Innenausstattung des **Wirtshauses «Cirio»**, Rue de la Bourse 18-20, im Neurenaissancestil ist ein Werk von H. Coosemans. Obschon auf dem Tresen die Jahreszahl 1886 steht, entstand sie 1909.

▷
Het **îlot sacré** is een «vrije gemeente» met een vrijgekozen burgermeester en zelfs officieuze schepenen. Het is ontspannend er te slenteren door de verkeersvrije straten en galerijen. De Beenhouwersstraat geurt naar gerechten uit alle windstreken, maar centraal staat de nationale schotel: mosselen en frieten.

Dans l'**îlot sacré**, «commune libre» qui a son pittoresque bourgmestre et même des échevins officieux, il fait bon flâner par les rues et galeries réservées aux piétons. La rue des Bouchers fleure la cuisine de toutes origines — y compris le plat national de moules et frites.

In the **sacred islet**, a picturesque «free borough» in the heart of Brussels, with its own unofficial Burgomaster and Aldermen, people like to saunter through the arcades and pedestrian precincts. In the *rue des Bouchers,* the cooking smells are truly cosmopolitan, but you can also detect the aroma of the Belgian national dish of mussels with chips.

Es ist angenehm, im **Ilot Sacré** (Heilige Insel), einer «freien Kommune» mit einem hochdekorierten, ehrenamtlichen Bürgermeister, ja sogar mit halbamtlichen Schöffen, auf den Straßen und in den Galerien der Fußgängerzone umherzubummeln. In der *Rue des Bouchers* (Metzgerstraße) treiben die Dünste von Gerichten aus aller Herren Länder dem Besucher entgegen, einschließlich derer von Muscheln und Pommes frites, dem Nationalgericht der Belgier.

Voor het Egmontpaleis ligt, als een oase van rust in de stad, de **Kleine Zavel**. Omringd door kastanje- en lindebomen en acacia's, staan de beelden van de graven van Egmont en Hoorn als symbolen van de strijd tegen het despotisch bewind van Filips II.

Au pied du palais d'Egmont, le **Petit Sablon** apparaît comme une oasis de calme dans la ville. Sous les marronniers, les tilleuls et les acacias, la statue des comtes d'Egmont et de Hornes symbolise la lutte contre le gouvernement arbitraire de Philippe II.

At the foot of the Egmont Palace, the **Petit Sablon** square is an oasis of peace within the city. Under the chestnut, linden and acacia trees, the statue of Counts Egmont and Hornes symbolises the struggle against the authoritarian government of Philip II.

Am Fuß des *Palais d'Egmont* erscheint der Garten des **Petit Sablon** wie eine ruhige Oase in der Stadt. Unter den Kastanienbäumen, den Linden und den Akazien versinnbildlicht das Denkmal von Egmont und von Hornes den Kampf gegen die Willkürherrschaft Philipps II.

△

Door de voltooiing van de overwelving van de Zenne in 1871 kreeg het centrum van Brussel een heel andere aanblik. De kromme straatjes werden door brede lanen vervangen met deftige gebouwen erlangs. Het vroegere hotel Continental op het in het verlengde van de Anspachlaan gelegen **De Brouckèreplein** werd in 1874 door E. Carpentier ontworpen. Het gebouw waarin de Banco Central thans is gevestigd, is eveneens in eclectische stijl gebouwd. De gevel is met drie beeldhouwwerken — de zegegierende Vooruitgang tussen de Vrede en de Overvloed — van J. de Haen bekroond.

Le voûtement de la Senne, inauguré en 1871, modifia de fond en comble le visage du centre de Bruxelles. Aux ruelles tortueuses succédèrent de larges boulevards bordés d'immeubles cossus. **Place De Brouckère**, dans l'axe du boulevard Anspach, l'ancien hôtel Continental a été conçu en 1874 par l'architecte E. Carpentier. Dans le même style éclectique, l'immeuble aujourd'hui occupé par la Banco Central est couronné par un groupe du sculpteur J. de Haen qui a représenté le Progrès triomphant entre la Paix et l'Abondance.

The vaulting of the Senne river, which was finished in 1871, changed completely the appearance of central Brussels. Twisting alleys were replaced by wide boulevards lined with imposing buildings. At **Place De Brouckère**, in the axis of the Boulevard Anspach, stands the old Continental Hotel, designed by the architect E. Carpentier in 1874. The building now occupied by the Banco Central, in a similarly eclectic style, is crowned by a group sculpted by J. de Haen representing a triumphant Progress between Peace and Abundance.

Die 1871 abgeschlossene Überwölbung der Senne in Brüssel hatte die Innenstadt grundlegend verändert. Die sich windenden Gäßchen mußten breiten Straßen und protzigen Gebäuden weichen. Das frühere Hotel Continental an der **Place De Brouckère**, in etwa der Verlängerung des Boulevard Anspach, wurde 1874 von E. Carpentier entworfen. Das heute der Banco Central gehörende Gebäude ist ebenfalls in eklektischem Stil gebaut. Oben thront der Fortschritt zwischen der Göttin des Friedens und der Darstellung des Überflusses, ein Werk des Bildhauers J. de Haen.

▷

Op de zanderige helling waarop een Romaanse kapel had gestaan, werd in 1226 met de bouw van een nieuwe basiliek aangevangen. De bouwwerkzaamheden duurden tot einde 15de eeuw. Van de gedegen soberheid der Brabantse gotiek zijn beide torens van de **St-Michielskathedraal** een zuiver voorbeeld.

Sur la côte sablonneuse jadis occupée par un oratoire de style roman, la construction d'une basilique nouvelle fut entreprise vers 1226. Elle se poursuivit jusqu'à la fin du XVe siècle. La robuste sobriété du gothique brabançon triomphe dans les tours jumelles de la **cathédrale Saint-Michel**.

Towards the year 1226 work began on a new basilica, on the sandy slope where a Romanesque oratory used to stand. Work on the new building continued until the end of the 15th century. The twin towers of the **Cathedral of St. Michael** personify the sturdy sobriety of the Brabant Gothic style.

Der Bau der Kathedrale auf dem sandigen Abhang, auf dem früher ein Oratorium in romanischem Stil gestanden hatte, wurde rund 1226 in Angriff genommen. Er zog sich bis zum Ende des 15. Jh. hinaus. Die robuste Schmucklosigkeit des brabantischen gotischen Stils triumphiert in den Zwillingstürmen der **St. Michaelskathedrale**.

◁

De vergaderzaal van de **Senaat** werd in 1849 door architekt Suys ingericht. L. Gallait uit Doornik beschilderde de muren van de halfronde zaal met een reeks portretten van de stichters van België vanaf Pepijn van Herstal en Karel de Grote tot en met keizerin Maria-Theresia.

The **Senate** chamber designed by the architect Suys dates from 1849. Louis Gallait, an artist from Tournai, decorated the walls of the hemicycle with a portrait gallery of those who contributed to the formation of Belgium, from Pepin of Herstal and Charlemagne to Empress Maria Theresa.

La salle des séances du **Sénat**, œuvre de l'architecte Suys, date de 1849. Le peintre tournaisien Louis Gallait décora les murs de l'hémicycle d'une galerie de portraits de ceux qui ont contribué à la formation de la Belgique, depuis Pépin de Herstal et Charlemagne jusqu'à l'impératrice Marie-Thérèse.

Der Plenarsaal des **Senats** wurde 1849 vom Architekten Suys gestaltet. L. Gallait schnückte die Wände des halbrunden Saals mit Porträts der Gründer Belgiens von Pipin von Herstal und Karl dem Großen bis zur Kaiserin Maria-Theresia.

△

Thema's uit de Oudheid verfraaien de vele bas-reliëfs en beelden van de gevel van het **Paleis van Karel van Lorreinen** in Oostenrijkse Lodewijk-XVI-stijl (1766). Het paleis vormt nu het hart van de kunstwijk, met verder nog het Congressenpaleis, de Koninklijke Musea, de Koninklijke Bibliotheek en het Paleis voor Schone Kunsten.

The facade of the **Palace of Charles of Lorraine** (1766) is an exquisite rendering of subjects from classical antiquity in the elegant Austrian Louis XVI style of 18th century architecture. Today, the building rises in the heart of the arts district which also comprises the Convention Center, the Royal Museums, the Royal Library and the Palace of Fine Arts.

La façade du **Palais de Charles de Lorraine** (1766) reprend, dans le style Louis XVI autrichien, les thèmes antiques avec une exquise élégance. Actuellement, il est au centre du quartier des arts groupant Palais des congrès, Musées royaux, Bibliothèque royale et Palais des Beaux-arts.

Die Fassade des im österreichischen Louis XVI-Stil erbauten **Palais Karls von Lothringen** (1766) zeigt antiken Themen nachempfundene Flachreliefs und Statuen von ausgesuchter Formschönheit. Heute befindet er sich inmitten des sogenannten « Kunstviertels », welches den Kongreßpalast, die Königlichen Museen, die Königliche Bibliothek und das Palais der Schönen Künste umfaßt.

△

Het **Koninklijk Paleis** bevindt zich op de plaats van het vroegere Hof van Brussel, waar Filips de Goede en Keizer Karel verbleven. Willem I der Nederlanden gaf architekt Suys de opdracht een paleis te bouwen, waarin het vroegere herenhuis van de gevolmachtigde minister van de Oostenrijkse keizer zou opgenomen worden. In 1829, één jaar voor de revolutie, was het gebouw klaar. Leopold II vond het Brusselse Paleis niet zo erg geschikt voor recepties of als verblijf voor prominente gasten. In 1867 begon hij met de vergroting van het gebouw. Hij gaf Balat opdracht plannen uit te werken, o.m. voor de eretrap, de grote galerij, de troonzaal en gaf de marmeren zaal. In 1904 werd de nieuwe voorgevel in Lodewijk-XVI-stijl opgetrokken door architect Maquet, met in het fronton een basreliëf van Thomas Vinçotte.

Le **Palais royal** occupe l'emplacement de l'ancienne Cour de Bruxelles où résidèrent Philippe le Bon et Charles Quint. Guillaume Ier de Hollande confia à l'architecte Suys la construction d'un palais qui intégrait l'ancien hôtel du ministre plénipotentiaire de l'Empereur d'Autriche. Les travaux furent terminés en 1829, un an avant la révolution. Léopold II estimait que le Palais de Bruxelles tel qu'il était ne convenait pas aux réceptions ni au logement des hôtes de marque. Dès 1867, il entreprit des travaux d'agrandissement. Il chargea Balat d'établir les plans, notamment pour l'escalier d'honneur, la grande galerie, la salle du trône et la salle de marbre. Et, en 1904, l'architecte Maquet édifia une toute nouvelle façade en style Louis XVI avec, au fronton, un bas-relief de Thomas Vinçotte.

◁

The **Royal Palace** rises on the site formerly occupied by the Court of Brussels, where Philip the Good and Emperor Charles V used to reside. William I of Holland entrusted the architect Suys with the construction of a palace that would include the former residence of the Minister Plenipotentiary appointed to Brussels by the Emperor of Austria. The work was completed in 1829, one year before the revolution. Leopold II considered that the Palace of Brussels, as it was at the time of his accession, was unsuitable for receiving and accommodating distinguished guests, so in 1867 he set about enlarging it. He ordered Balat to draw up the plans notably for the Grand Staircase, the Great Gallery, the Throne Room and the Marble Hall. Later, in 1904, the architect Maquet added an entirely new façade in the Palladian style, with a low-relief by Thomas Vinçotte adorning the pediment.

Der **Königliche Palast** wurde auf dem vormaligen Hof von Brüssel errichtet, wo einst Philipp der Gute und Kaiser Karl V residierten. Wilhelm I von Holland beauftragte den Architekten Suys mit dem Bau eines Palastes, in den sich die frühere Residenz des Gesandten des österreichischen Kaisers harmonisch einfügen sollte. Die Bauarbeiten wurden 1829, ein Jahr vor der Revolution, beendet. Leopold II schien der Palast von Brüssel für Empfänge und als Unterkunft für vornehme Gäste ungeeignet. 1867 begannen die Erweiterungsarbeiten. Die Baupläne u.a. für die Ehrentreppe, die große Galerie, den Thron- und den Marmorsaal stammen von Balat. 1904 baute der Architekt Maquet eine ganz neue Fassade im Stil Louis XVI. In dem Fronton befindet sich ein Basrelief von Thomas Vinçotte.

△

In het verlengde van de perspectief die zich vanuit het Koninklijk Park opent, rijst het monumentale Justitiepaleis (1866-1883) op. Halverwege staan de in Oostenrijks getinte Lodewijk-XVI-stijl gebouwde herenhuizen van het **Koningsplein**. Ze omgeven het romantisch ruiterstandbeeld van Godfried van Bouillon door Eugène Simonis, dat de plaats heeft ingenomen van het standbeeld van Karel van Lorreinen, dat tijdens de Franse bezetting omgesmolten werd.

The vista from the royal park culminates in the titanic Law Courts (1866-1883). Halfway, Louis XVI-style Austrian mansions and the St. James on Coudenberg church surround the **Place royale** where, since 1848, the romantic statue of Godefroid de Bouillon by Eugène Simonis has stood in the place of that of Charles de Lorraine which was melted down under the French occupation.

Dans la perspective qui s'ouvre depuis le Parc Royal se dresse le titanesque palais de Justice (1866-1883). A mi-chemin, les hôtels de style Louis XVI autrichien et l'église Saint-Jacques sur Coudenberg entourent la **Place Royale** où, depuis 1848, la statue romantique de Godefroid de Bouillon, par Eugène Simonis, remplace celle de Charles de Lorraine, fondue sous l'occupation française.

Der Ausblick, der sich dem Besucher vom Königlichen Park aus darbietet, ermöglicht es, in der Ferne den monumentalen Justizpalast zu sehen. Zwischen dem Königlichen Park und dem Justizpalast stehen die herrschaftlichen Stadthäuser des **Königsplatzes** (Place Royale) in österreichisch gefärbtem Louis XVI-Stil. In der Mitte des Platzes ragt seit 1848 das romantische Standbild Gottfrieds von Bouillon, ein Werk von Eugène Simonis. Es ersetzt die Statue Karls von Lothringen, die während der französischen Besatzung eingeschmolzen worden war.

△

Léopold II wilde het halve eeuwfeest van de Belgische onafhankelijkheid vereeuwigen door de bouw van een triomfaal monument. Uitein-
delijk en dank zij de financiële bijdrage van de vorst kon de Franse
architect Girault in 1905 drie **arcaden** van gelijke hoogte bouwen
tussen de twee zuilengalerijen die reeds in 1880 in halfrond waren
opgericht.

Léopold II voulait qu'un monument triomphal commémore le cin-
quantenaire de l'indépendance belge. C'est finalement grâce à l'ap-
port financier personnel du roi que l'architecte français Girault dressa
en 1905 trois **arcades** de même hauteur entre les deux colonnades en
hémicycle établies dès 1880.

Leopold II wanted a triumphal monument to mark the fiftieth anni-
versary of Belgian independence. Finally, it was thanks to the King's
own financial contribution that, in 1905, the French architect Girault
erected three **arcades** of the same height between the two semi-
circular colonnades that had been built in 1880.

Leopold II wollte die Fünfzigjahrfeier der belgischen Unabhängigkeit
durch einen Prachtbau verewigt sehen. Mit teilweise vom König selbst
beigesteuerten Geldern errichtete der französische Architekt Girault
schließlich 1905 zwischen den beiden halbkreisförmigen Säulenreihen
von 1880 die drei grossen **Bögen**, die sich gleichmäßig in die Höhe
schwingen.

▷

Een van de architecten die Brussel tot hoofdstad van de Art nouveau
verhieven was **Victor Horta**. In 1898 begon hij aan de bouw van een
eigen woning. Zijn genie nam er de vrije loop. De lijn zoekt inspiratie in
de vormentaal van het plantenrijk. Ze wordt hertaald met de meest
diverse materialen: marmermozaïeken, glas-in-loodramen, kostbare
houtsoorten, ijzersmeedwerk.

Victor Horta, un des architectes qui firent de Bruxelles la capitale de
l'Art nouveau, entreprit en 1898 la construction de sa propre maison. Il
y donna libre cours à son génie. La ligne inspirée de formes végétales
est traduite dans les matériaux les plus variés: mosaïques de marbres,
vitraux, bois précieux, ferronneries.

Victor Horta, one of the architects who made Brussels the capital of
Art Nouveau, built his own home in 1898. Here he gave his genius free
rein. Lines inspired by the shape of plants were translated into the most
varied materials: marble, mosaïc, stained glass, precious woods,
wrought iron.

Victor Horta, einer der Architekten, der aus Brüssel ein Zentrum des
Jugendstils machte, begann den Bau seiner eigenen Wohnung 1898.
Er ließ dabei seiner schöpferischen Phantasie freien Lauf. In den ver-
schiedensten Baustoffen erscheint die gleiche bewegte, pflanzenhaft
sich schwingende Linie: in Mosaiken aus Marmor, in bemalten Fen-
sterscheiben, in Edelholz, in Kunstschmiedearbeiten.

Het Provinciaal Domein **Huizingen** staat vooral bekend voor zijn zwembad en zijn verschillende speelweiden. Het enkele hectaren grote parkgedeelte bevat prachtige perken waarop de azalea's in de lente de symbolische betekenis van de kleuren voor het geheugen brengen : geel voor de roem, groen voor de hoop, rood voor de hartstocht en paars als zinspeling op galante avontuurtjes.

Connu surtout pour son bassin de natation et ses terrains de jeux divers, le vaste domaine provincial de **Huizingen** comporte aussi plusieurs hectares de jardins. Aux jours de printemps, les variétés d'azalées y déploient généreusement les nuances de leurs couleurs dont la tradition rapporte la symbolique : le jaune de la gloire, le vert de l'espérance, le rouge de l'ardeur ou le violet de la galanterie.

Known principally for its swimming pool and playing fields, the vast provincial domaine of **Huizingen** also has several hectares of gardens. In spring various varities of azaleas display their colours and traditional symbolism : yellow for glory, green for hope, red for courage and violet for gallantry.

Die Domäne der Provinz Brabant in **Huizingen** ist vor allem wegen ihres Schwimmbeckens und ihrer abwechslungsreichen Kinderspielplätze bekannt, zu denen noch einige Hektar Gartenanlagen hinzukommen. Im Fühling breiten Azalien verschiedenster Sorten da einen Farbenteppich aus, der von Farbensymbolik strotzt : Gelb für den Ruhm, Grün für die Hoffnung, Rot für die Leidenschaft, Veilchenblau für galante Liebesabenteuer.

◁

Hof te Wedem met zijn polygonale toren en zijn indrukwekkende woongebouwen is een typisch Brabantse hoeve vlak bij Halle. Het witgekalkte hoofdgebouw uit de 17de eeuw evenals de bedrijfsgebouwen uit de 19de omsluiten een geplaveide binnenkoer.

A fine example of a Brabant farm in the region of Hal is the **Hof te Wedem** with its square tower and turret and buildings forming a polygonal. The whitewashed main building is 17th century while 19th century additions surround the paved courtyard.

La tour carrée accostée d'une tourelle et le polygone des bâtiments font de l'**Hof te Wedem** un bel exemple de ferme brabançonne sur les terres de Hal. Blanchis à la chaux, le corps de logis qui est du XVIIe siècle et les constructions du XIXe forment un ensemble clos autour d'une cour pavée.

Die um den viereckigen Turm mit angebautem Türmchen errichteten Gebäude verleihen **Hof te Wedem** die Form eines Vielecks. Es ist ein typischer Brabanter Bauernhof in der Nähe von Halle. Das mit Kalk geweißte Hauptgebäude aus dem 17. sowie die Wirtschaftsgebäude aus dem 19. Jh. umschließen den gepflasterten Hof von allen Seiten.

△

Op het binnenplein van het kasteel van **Gaasbeek** staat men voor de gevels van een fraai renaissancekasteel. Inderdaad, de stroeve burcht van Gaasbeek was in 1388 verwoest door de Brusselse militie, die de moord op Everard 't Serclaes was komen wreken. Nadat de Milanese markiezen Arconati-Visconti het kasteel even voor 1800 hadden geërfd, liet de laatste, nogal eigengereide nakomelinge van deze markiezen het in de 19de eeuw in romantische geest restaureren.

The inner courtyard of the castle of **Gaasbeek** is bordered with pleasant Renaissance facades. In 1388, despite its powerful defences, Gaasbeek was sacked by the Brussels militiamen intent on avenging the murder of Everard 't Serclaes. At the end of the 18th century it was inherited by the Milanese Marquis Arconati-Visconti. The last, unpredictable marchioness had the manor restored in the Romantic manner much in fashion in the 19th century.

La cour intérieure du château de **Gaasbeek** révèle les façades d'une aimable demeure Renaissance. En 1388, le puissant appareil défensif de Gaasbeek n'évita pas un sac par les milices bruxelloises avides de venger le meurtre d'Everard 't Serclaes. A la fin du XVIIIe, il devint, par héritage, la propriété des marquis milanais Arconati-Visconti. La dernière et fantasque marquise fit restaurer le manoir à la manière romantique, chère au XIXe siècle.

Auf dem Binnenhof des Schlosses von **Gaasbeek** steht der Besucher vor den Fassaden eines schmucken Renaissancehauses. Die wuchtige Burg von Gaasbeek war nämlich 1388 von Brüsseler Stadttruppen, die die Ermordung von Everard 't Serclaes rächen wollten, verwüstet worden. Nachdem es ein mailändischer Marquis Arconati-Visconti kurz vor 1800 geerbt hatte, ließ dessen letzter Nachfahre, eine recht eigenwillige Frau, das Schloß im 19. Jh. im damals gängigen romantischen Stil umgestalten.

Het was in de regen, bij het krieken van de dag op 18 juni 1815, dat Napoleon zijn troepen bevel gaf tot de aanval op de legers van de bondgenoten die onder het opperbevel van de Hertog van Wellington stonden. Rond de hoeve *La Haie-Sainte*, sleutelpositie van de Britse troepen, kwam het tot verwoede gevechten tussen Engelsen en Fransen. De avond van dezelfde dag vluchtte Napoleon naar Parijs. Die dag sneuvelden meer dan 40.000 Fransen en 22.000 geallieerde soldaten.

Op het plateau van de *Mont-Saint-Jean*, op de plaats waar de aanvoerder van de Belgen en de Hollanders, de Prins van Oranje, werd gekwetst, werd de **Leeuwenheuvel** opgericht. De grond van de heuvel werd aangebracht in korven, op de rug gedragen door Luikse *botteresses*. Boven staat een bronzen leeuw met de blik naar Frankrijk gericht. Een trap van 226 treden leidt naar boven waar men een zicht heeft op het slagveld zoals het er in 1815 ongeveer uitzag.

It was raining, on the morning of 18 June 1815, when Napoleon sent his men to attack the allied armies commanded by the Duke of Wellington. Some of the toughest fighting between the British and the French was near the farm of *La Haie-Sainte*, which was a key British position. In the evening of the same day, Napoleon fled to Paris. The battle had cost the lives of over 40.000 French and 22,000 Allied soldiers.

The **Lion's Mount** was erected on the plateau of *Mont-Saint-Jean*, at the spot where the Prince of Orange had been wounded. It was he who had the Belgian and Dutch troops under his command. Patiently the *botteresses* of Liege, women labourers who moved earth in baskets carried on their backs, raised the mound to a height of close on a hundred and fifty feet. The cast iron lion at the top faces France. Visitors who ascend the 226 steps have a view of the battlefield almost as it was in 1815.

Il pleuvait au matin du 18 juin 1815, lorsque Napoléon ordonna à ses troupes d'attaquer les armées alliées commandées par le duc de Wellington. Autour de la ferme de la Haie-Sainte, clef des positions britanniques, Anglais et Français se heurtèrent avec acharnement. Dans la soirée du même jour, Napoléon fuyait vers Paris. La journée avait coûté la vie à plus de quarante mille Français et vingt-deux mille soldats alliés et provoqué la chute de Napoléon.

Sur le plateau de Mont-Saint-Jean, la **butte du Lion** a été élevée à l'endroit où fut blessé le prince d'Orange qui avait sous ses ordres les Belges et les Hollandais. Le lent travail des *botteresses* liégeoises, portant sur leur dos une hotte remplie de terre, l'a menée à quarante-cinq mètres de hauteur. Le lion de fonte qui le domine regarde la France. L'escalade des deux cent vingt-six marches offre un panorama du champ de bataille, resté quasi tel qu'il était en 1815.

Er regnete am Morgen des 18. Juni 1815, als Napoleon seinen Truppen befahl, die Heere der Verbündeten unter dem Befehl des Herzogs von Wellington anzugreifen. Rund um den Bauernhof *Haie-Sainte*, Schlüsselpunkt der britischen Stellungen, stießen Engländer und Franzosen verbissen aufeinander. Am Abend desselben Tages flüchtete Napoleon nach Paris. Der Tag hatte 40.000 Franzosen und 22.000 Verbündeten das Leben gekostet.

Auf der Hochebene von *Mont-Saint-Jean* wurde der **Löwenhügel** an der Stelle errichtet, wo der Prinz von Oranien, unter dessen Befehl die Belgier und Holländer standen, verwundet wurde. Die langsame Arbeit der Lütticher *Botteresses*, die auf ihrem Rücken eine Kiepe voll Erde trugen, brachte ihn auf fünfundvierzig Meter Höhe. Der gußeiserne Löwe, der auf ihm steht, blickt nach Frankreich. Das Erklimmen der 226 Treppenstufen bietet eine Rundsicht des Schlachtfeldes, das ungefähr so geblieben ist, wie es 1815 war.

Hoewel het in de laat-Renaissance thuishoort (1631-1662), is in het kasteel van de prinsen van Merode te **Rixensart** de middeleeuwse schikking van de gebouwen ongemoeid gelaten, maar vanuit de talrijke ramen ziet men sierlijke bloementuinen toegeschreven aan Le Nôtre.

Although it is late Renaissance (1631-1662), the castle of the princely family de Merode, of **Rixensart**, is built on the mediaéval pattern. But there are many windows looking out on flower gardens attributed to Le Nôtre.

Bien qu'appartenant à une Renaissance quelque peu tardive (1631-1662), le château des princes de Merode à **Rixensart** reprend la disposition médiévale des bâtiments. Mais les fenêtres multiples donnent sur des jardins fleuris attribués à Le Nôtre.

Obwohl einer etwas späten Renaissance angehörend (1631-1662), übernimmt das Schloß der Fürsten von Merode in **Rixensart** die mittelalterliche Anlage der Gebäude. Aber die vielen Fenster gewähren Aussicht auf die Le Nôtre zugeschriebenen blumenreichen Gärten.

De geschiedenis van **Nijvel** viel eeuwenlang samen met die van het klooster dat tussen 647 en 650 werd gesticht door Itte, de vrouw van Pepijn van Landen, en hun dochter Gertrudis, die geweigerd zou hebben met de zoon van de hertog van Aquitanië in het huwelijk te treden.

De Sint-Gertrudiskerk met haar indrukwekkende middenbeuk, waarvan de twee verdiepingen de geometrische structuur krachtig onderstrepen, werd in 1046 ingewijd. Ze verheft zich boven overblijfsels van twee oudere kerken, één uit het merovingisch, de andere uit het karolingisch tijdperk.

The history of **Nivelles** was for a long period inextricably tied to that of the monastery founded between 647 and 650 by Itte, the wife of Pepin of Landen, and their daughter Gertrude who refused to marry the son of the Duke of Aquitaine. The impressive collegial church of St. Gertrude with its massive two storey Romanesque nave was consecrated in 1046. It is built on the remains of two earlier churches, the oldest of the Merovingian period, the later from the Carolingian.

L'histoire de **Nivelles** se confondit longtemps avec celle du monastère fondé entre 647 et 650 par Itte, femme de Pépin de Landen, et par leur fille Gertrude qui aurait refusé d'épouser le fils du duc d'Aquitaine.

Impressionnante par le caractère géométrique de sa puissante nef à deux étages (XIᵉ siècle), la collégiale de Sainte-Gertrude, consacrée en 1046, fut élevée sur les vestiges de deux églises primitives : mérovingienne et carolingienne.

Die Geschichte von **Nivelles** fiel jahrhundertelang mit der des Klosters zusammen, das Itte, die Gemahlin Pipins von Landen, und deren Tochter Gertrud, die den Heiratsantrag des Sohnes des Herzogs von Aquitanien abgeschlagen haben soll, zwischen 647 und 650 in Nivelles gründeten.

Die der heiligen Gertrud gewidmete Stiftskirche beeindruckt durch die streng geometrische Struktur des zweistöckigen Mittelschiffes (11. Jh.). Sie wurde 1046 eingeweiht und erhebt sich über den Resten einer merovingischen und einer karolingischen Gebetsstätte.

△

De abdij van **Villers-la-Ville** werd in 1146 in aanwezigheid van de heilige Bernard zelf door de Cisterciënzers gesticht. De bouw van de drie beuken van de abdijkerk had meer dan 70 jaar in beslag genomen (1200-1272), maar de Franse revolutionairen hadden slechts enkele uren nodig om ze te vernielen. De aan wind en weer blootgestelde gewelven stortten in 1874 in, maar de ruïnes laten nog de uit Champagne stammende bouwstijl van de abdij vermoeden, die tot laat in de 18de eeuw 400 monniken en lekebroeders telde.

Saint Bernard himself laid the foundations of the Abbey of **Villers-la-Ville**, begun by the monks of Cîteaux in 1146. Nearly three quarters of a century (1200 to 1272) were required to build the three naves of the abbey church but only a few hours were required by French revolutionary troops to destroy it. Weather accomplished the rest, causing the collapse of the vaulting in 1874. The ruins reveal the influence of the Champagne regional style on the building in which some 400 monks and lay brothers met in prayer until the end of the 18th century.

De l'abbaye de **Villers-la-Ville**, fondée en 1146 par les moines de Cîteaux, saint Bernard lui-même jeta les fondations. Trois quarts de siècle (1200 à 1272) furent consacrés à l'édification des trois nefs de l'église abbatiale. Quelques heures suffirent aux révolutionnaires français pour les détruire. Les intempéries firent le reste, provoquant en 1874 l'effondrement des voûtes. Les ruines révèlent encore le style champenois de l'édifice où, jusqu'à la fin du XVIIIᵉ siècle, quelque quatre cents moines et convers se réunissaient pour la prière.

Der heilige Bernard selbst legte den Grundstein der 1146 von den Zisterziensermönchen gegründeten Abtei von **Villers-la-Ville**. Während der Bau der dreischiffigen Abteikirche drei Vierteljahrhunderte gedauert hatte (1200-1272), benötigten die französischen Revolutionäre nur einige Stunden, um sie zu zerstören. Die Unbilden des Wetters verschlimmerten die Lage, so daß die Gewölbe 1874 einstürzten. Doch die Ruinen lassen noch den aus der Champagne kommenden Stil des Gotteshauses erahnen, in dem sich bis zum Ende des 18. Jh. etwa 400 Mönche und Brüder zum Gebet versammelten.

◁

In de Middeleeuwen was **Corroy-le-Grand** over verscheiden heerlijkheden verdeeld. Ten noorden van dit dorp in een typische landbouwstreek ligt de grote vierhoek van een kasteelhoeve, waarin nog overblijfsels uit de Middeleeuwen te zien zijn : een nu in de bijgebouwen ingebouwd stuk van de vestingmuur, een cirkelvormige toren met schietgaten en een boogdeur die op de binnenkoer uitkomt.

De twee vierkante baksteentorens van ongelijke hoogte dateren uit de 17de, hoofdgebouw, stallen en schuren uit de 18de en 19de eeuw, maar een groot deel van de fundamenten is veel ouder.

Corroy was divided among several seigneuries in the Middle Ages. The home farm of the castle, north of **Corroy-le-Grand**, typifies the agricultural role of the region. The buildings form a large quadrilateral containing some relics of the mediaeval past, such as piece of wall in the outbuildings, a round tower with arrow slits and a little arched door on the courtyard side.

The two brick towers of different heights are 17th century. The main buildings, including the stables and barns were built in the 18th and 19th centuries on much older foundations.

Au Moyen Age, Corroy était partagée entre plusieurs seigneuries. La ferme du château, au nord de **Corroy-le-Grand**, confirme la vocation agricole de la région. Vaste quadrilatère, elle a conservé de son passé médiéval un fragment d'enceinte englobé dans les annexes, une tour ronde percée de meurtrières et une portelette cintrée du côté de la cour.

D'inégale hauteur, les deux tours carrées en brique sont du XVIIe siècle. Les bâtiments principaux, y compris les étables et les granges, ont été construits au cours des XVIIIe et XIXe siècles, mais ils reposent souvent sur des bases plus anciennes.

Im Mittelalter war **Corroy-le-Grand** in verschiedene herrschaftliche Güter aufgeteilt. Der Landsitz im Norden der Ortschaft ist für dieses Agrargebiet typisch. Die Gebäude bilden ein Viereck und enthalten noch Überbleibsel aus dem Mittelalter : ein in die Wirtschaftsgebäude integriertes Stück Festungsmauer, ein mit Schießscharten versehener Rundturm und ein auf den Innenhof führendes, bogenförmig gemauertes Tor.

Die zwei viereckigen, nicht gleich hohen Türme aus Sandstein wurden im 17. Jh. errichtet, das Hauptgebäude, Stallungen und Scheunen im 18. und 19. Jh., doch teilweise auf älteren Fundamentmauern.

△

Samen met Kasteelbrakel en Bois-Seigneur-Isaac vormde **Haut-Ittre** vroeger een insnijding van het graafschap Henegouwen in het hertogdom Brabant. Langs de hoofdstraat van dit nu tot Waals Brabant behorende dorp liggen kleine boerderijen en rijst de dorpskerk met haar zandsteentoren op, die uit de 12de eeuw dateert.

Along with Braine-le-Château and Bois-Seigneur-Isaac, **Haut-Ittre** formed an outpost of the County of Hainaut in the Duchy of Brabant. The main street of the village, now part of Brabant Wallonia, is bordered by little farms and leads to the church which has retained its 12th century Romanesque tower.

Avec Braine-le-Château et Bois-Seigneur-Isaac, **Haut-Ittre** formait jadis un redan du comté de Hainaut dans le duché de Brabant. Bordée de petites fermes, la rue principale de ce village désormais brabançon-wallon monte vers l'église qui a gardé sa tour romane en grès du XIIe siècle.

Mit Braine-le-Château und Bois-Seigneur-Isaac bildete **Haut-Ittre** einen ins Herzogtum Brabant hineinragenden Zipfel der Grafschaft Hennegau. Die von kleinen Bauernhöfen umsäumte Hauptstraße des jetzt zum wallonischen Teil Brabants gehörenden Dorfes steigt bis zur Kirche hinan, deren romanischer Turm aus Sandstein aus dem 12. Jh. stammt.

In **Tervuren**, waar het kasteel van de hertogen van Brabant zich ver- hief, woonplaats van de gulhartige Karel van Lorreinen en de ongeluk- kige Charlotte van Mexico, liet Leopold II een museum-paleis bouwen naar de plannen van de Franse architect Charles Girault.

De overkoepelde ronde hal in Lodewijk-XVI-stijl wijst op de zin voor het grandioze van de vorst.

It is at **Tervuren**, where the Dukes of Brabant had their castle and where the jovial Charles of Lorraine stayed, as well as the unhappy Empress Charlotte of Mexico, that Leopold II had a palace-cum-museum built, after plans of the French architect Charles Girault.

The Louis XVI style rotunda under the dome is an example of the grandiose taste of the monarch.

A **Tervueren**, où s'éleva le château des ducs de Brabant, où séjournè- rent le jovial Charles de Lorraine et l'infortunée impératrice Charlotte du Mexique, Léopold II fit construire un palais-musée, suivant les plans de l'architecte français Charles Girault.

Sous la coupole, la rotonde de style Louis XVI témoigne du sens de la grandeur du souverain.

In **Tervuren**, wo sich das Schloß der Herzöge von Brabant erhob, in dem sich der joviale Karl von Lotharingen und die unglückliche Kaiserin Charlotte von Mexico aufhielten, ließ Leopold II, ein palastartiges Mu- seum nach den Plänen des französischen Architekten Charles Girault er- bauen.

Die von einer Kuppel überragte Rotunde im Stile Louis-seize bezeugt den Sinn für Größe und die Vorliebe des Fürsten für stattliche Ausmaße.

▷

Het ten tijde van Karel de Stoute door Matthijs de Laeyens gebouwde **stadhuis van Leuven**, dat in 1447 werd begonnen en in 1460 werd voltooid, lijkt op een reusachtig relikwieschrijn waarvan de drie verdiepingen met telkens tien traveeën door uitspringende dwarslagen van elkaar zijn gescheiden.

Commencé en 1447 et terminé en 1460, sous le règne de Charles le Téméraire, l'**hôtel de ville de Louvain**, construit par Mathieu de Laeyens, ressemble à une châsse géante où dix travées de trois étages sont séparées entre elles par des trémeaux saillants.

Work on the **Town Hall of Louvain**, built by Mathieu de Laeyens, was begun in 1447 and completed in 1460, under the reign of Charles the Bold. It resembles a vast reliquary in which ten three-storey spans are separated by jutting piers.

Das 1447 begonnene und 1460 während der Regierungszeit Karls des Kühnen vollendete **Rathaus der Stadt Löwen** wurde nach Plänen von Mathias de Laeyens errichtet. Es gleicht einem riesigen Reliquienschrein, dessen zehn auf drei Stockwerke verteilte Felder horizontal durch hervortretendes Gesims voneinander getrennt sind.

△

Wie in het **Groot Begijnhof van Leuven** rondkuiert, voelt zich in een stadswijk uit de Middeleeuwen. Ondanks de talrijke herbouwingen — de belangrijkste dateert uit de 17de eeuw — is hier nog alles op mensenmaat. Toen de Katholieke Universiteit Leuven in 1963 eigenaar werd van het Groot Begijnhof, leek het een afbraakbuurt. Tijdens de daarop volgende restauratie bleef de stijl van de gebouwen totaal ongewijzigd.

A stroll through the **Grand Beguine Convent of Leuven** is like a walk through a town of the Middle Ages. Despite continuous rebuilding, particularly in the 17th century, the human scale of each individual element of the enclosure has not been touched. The Grand Beguinage, which was nearly in ruins, was acquired by the Catholic University of Leuven in 1963. It has been scrupulously restored, respecting the original style of the buildings.

On déambule dans le **Grand Béguinage de Louvain** comme on parcourait un quartier d'une ville au moyen âge. Les reconstructions successives — particulièrement celle du XVIIᵉ siècle — n'ont pas altéré l'échelle humaine de chacun des éléments de l'enclos. Promis à la ruine, le Grand Béguinage a été acquis, en 1963, par l'Université catholique de Louvain qui l'a restauré en respectant scrupuleusement le style des bâtiments.

Wenn man in **Löwen** durch den **Großen Beginenhof** schlendert, fühlt man sich trotz der wiederholten Restaurierungen — die durchgreifendste erfolgte im 17. Jh. — wirklich in einem mittelalterlichen Stadtviertel. 1963 erwarb die Universität Löwen den damals fast abbruchreifen Beginenhof und ließ ihn stilgerecht restaurieren.

△
Sedert 1754 vervangt de St.-Gorgoniuskerk van **Hoegaarden** de collegiale kerk in Romaanse stijl, die in de 10de eeuw door gravin Alpaïde was gesticht. Op de Gemeenteplaats staat een fraaie muziektent uit de 19de eeuw. Die wordt ook nu nog gebruikt, vooral tijdens de Hoegaardense bierfeesten, waar haast uitsluitend Hoegaardens bier, een nogal naar het hoofd stijgende biersoort, wordt gedronken.

En 1754, l'actuelle église Saint-Gorgon a remplacé à **Hoegaarden** la collégiale romane fondée au Xe siècle par la comtesse Alpaïde. Un élégant kiosque du XIXe siècle égaie la place communale. Des harmonies s'y font entendre, notamment les jours où l'on célèbre festivement les vertus de la capiteuse bière locale.

In 1754 the existing church of Saint Gorgon at **Hoegaarden** replaced the Romanesque collegiate church founded in the 10th century by Countess Alpaïde. An elegant 19th century bandstand graces the main square. Bands play there, especially at the time of the festivals celebrating the heady local beer.

Die im 10. Jh. von der Gräfin Alpaïde gegründete romanische Stiftskirche von **Hoegaarden** wurde 1754 völlig umgebaut. So entstand die heutige St.-Gorgoniuskirche im klassizistischen Stil. Auf dem Gemeindeplatz steht ein schmucker Konzertpavillon aus dem 19. Jh. Da spielt auch heute noch eine Kapelle auf, vornehmlich während des jährlichen Bierfestes. Dann wird natürlich fast ausschließlich schnell zu Kopf steigendes Hoegaardeener Bier kredenzt.

▷
Onze-Lieve-Vrouw-ten-Poel in **Tienen** werd tussen 1200 en 1400 opgetrokken. De plannen van deze indrukwekkende gotische kerk met stevige steunberen en drie grootse portalen met boogtrommel worden aan de Franse bouwmeester Jean d'Oisy toegeschreven. Walter Pans en andere beeldhouwers uit zijn tijd (rond 1450) vulden de nissen en timpanen met prachtig beeldhouwwerk en schiepen de mooie friezen van loofwerk.

Imposant édifice gothique commencé au XIIIe siècle et terminé deux siècles plus tard, l'église Notre-Dame-au-Lac de **Tirlemont** présente, entre d'épais contreforts, trois portails monumentaux à voussures que l'on attribue à l'architecte français Jean d'Oisy. Les groupes sculptés d'une verve savoureuse, les dais, les frises de feuillages ont été taillés par Walter Pans et d'autres imagiers du milieu du XIVe siècle.

The imposing Gothic church of Our Lady of the Lake at **Tienen** was begun in the 13th century and finished two centuries later. Between thick buttresses stand three monumental archivolted portals attributed to the French architect Jean d'Oisy. The vigorously sculpted groups, the canopies and the foliage friezes were carved by Walter Pans and other mid-14 th century sculptors.

Die prachtvolle gotische Liebfrauenkirche ten Poel in **Tienen** mit ihren wuchtigen Strebepfeilern und drei eindrucksvollen Portalen mit Bogenlaibung entstand hauptsächlich im 14. und 15. Jh. Der französische Baumeister Jean d'Oisy soll sie entworfen haben. Die großartigen Gruppenskulpturen auf den Tympana, die Baldachine und das mit Laubwerk geschmückte Fries wurden von Walter Pans und anderen Bildhauern aus der Zeit um 1450 gestaltet.

△

Alhoewel gedomineerd door de kloeke verticale toren van de St.-Rombautskathedraal, kan de **Grote Markt van Mechelen** bogen op een indrukwekkende reeks huizen uit de 16de en 17de eeuw. Laatgotische trapgevels wisselen af met krulvormige die tijdens de bloeiperiode van de barok zijn ontstaan.

Dominée par la verticalité impérieuse de la tour de la cathédrale Saint-Rombaut, la **grand-place de Malines** peut s'enorgueillir d'un ensemble cohérent de maisons des XVIe et XVIIe siècles. Les pignons à redents des unes révèlent la fin du gothique tandis que les pignons à volutes des autres marquent l'épanouissement du style baroque.

The imposing vertical tower of Saint-Rombaut cathedral overlooks the **main square in Mechelen**, which can be proud of its harmonious group of 16th and 17th century houses. The step-gables of some are late Gothic, while the voluted gables of others represent the baroque style in full bloom.

Die vertikale Wucht des Turmes der St.-Rombautskathedrale wirft oft ihren mächtigen Schatten auf den **Marktplatz von Mechelen**, doch dieser kann stolz mit einer stattlichen und recht einheitlichen Reihe schöner Häuser aus dem 16. und 17. Jh. aufwarten. Während der ausgezahnte obere Giebelrand der einen auf das Ende der Gotik hinweist, künden die schwungwollen Spiralen der Giebelaufsätze anderer vom Siegeszug des Barockstils.

▷

In Mechelen, aan de oever van de Dijle in de buurt van **de Haverwerf** flankeren de opgehesen zeilen van een paar boten de voorgevel van een stijlvol oud huis met balkon.

A Malines, sur la Dyle, près du **quai aux Avoines** (Haverwerf), les voiles tendues de quelques bateaux encadrent la façade à balcon d'une jolie maison ancienne.

On the Dyle in Malines, near the **Oats Quay** (Haverwerf), sails frame the balconied façade of a lovely old house.

In Mechelen, an der **Haverwerf** (Haverabladeplatz) auf der Dijle umrahmen die aufgezogenen Segel von Booten die Fassade eines altehrwürdigen Hauses.

◁ Het **refugiehuis van de Benedictijnenabdij van Sint-Truiden** (1551-1611) in Mechelen, thans het Aartsbisschoppelijk Archief, staat aan de oever van een van de overblijfsels van de Melaan, een Mechels vlietje. De drie vleugels zijn een typisch voorbeeld van Vlaamse bouwkunst in rode baksteen en werden in 1920 gerestaureerd. De vijf verdiepingen van de fraaie achthoekige toren zijn telkens door een laag van witte steen van elkaar gescheiden.

Au bord d'une petite pièce d'eau, survivance de la Melaan qui traversait jadis **Malines**, le **refuge de l'abbaye bénédictine de Saint-Trond** (1551-1611) recèle aujourd'hui les archives diocésaines. Ses trois ailes, typiques de l'architecture flamande en briques rouges, ont été restaurées en 1920. Quant à la fine tourelle octogonale, elle dresse gracieusement cinq registres séparés par des cordons en pierre blanche.

At the edge of a small, ornamental lake, all that remains of the Melaan river that once flowed through **Mechelen**, stands the **refuge of the Benedictine abbey of Sint-Truiden** (1551-1611), today the repository of the diocesan archives. The three wings in the red brick typical of Flemisch architecture were restored in 1920. A slender octagonal turret rises gracefully in five storeys, defined by white stone string courses.

Am Rand einer kleinen Wasserfläche, einem Überbleibsel des Melaans, eines der vielen früher durch Mechelen strömenden Bächlein, steht das **Refugium der Benediktinerabtei von Sint-Truiden** (1551-1611) in **Mechelen**, in dem jetzt die Archivakten des Erzbistums untergebracht sind. Die drei Flügel des Gebäudes sind aus dem für die flämische Baukunst typischen roten Backstein und wurden 1920 restauriert. Die fünf Stockwerke des schlanken, achteckigen Turms sind jeweils durch eine Zischenschicht aus weißem Stein markiert.

△ Het **stadhuis van Mechelen** bestaat uit twee aparte gebouwen. Het rechtse is de oude, in 1311 begonnen lakenhalle, die nooit werd voltooid omdat de lakennijverheid op het einde van de 14de eeuw snel terugliep. Links daarvan staat een paleis in laat-gotische stijl dat in opdracht van Karel V voor de Grote Raad werd gebouwd, maar pas in 1913 helemaal werd afgewerkt, zonder dat er nochtans van de oorspronkelijke bouwplannen werd afgeweken.

Deux bâtiments distincts forment l'**hôtel de ville de Malines**. Celui de droite est l'ancienne Halle aux Draps, commencée en 1311 mais qui demeura inachevée en raison de la crise qui frappa l'industrie drapière vers la fin du XIVᵉ s. Celui de gauche est le palais de style gothique finissant que Charles Quint destinait au Grand Conseil mais qui ne fut terminé qu'en 1913, d'après les plans originaux.

The **Town Hall of Mechelen** is composed of two distinct parts. On the right is the old Cloth Hall begun in 1311 but not finished because of the decline of the cloth industry towards the end of the 14th century. The left part, in the late Gothic style, that Charles V intended for the Grand Council was only finished in 1913, following the original plans.

Das **Rathaus von Mechelen** besteht aus zwei sehr verschiedenen Gebäuden. Rechts befindet sich das frühere Gewandhaus, dessen Bau 1311 in Angriff genommen wurde, jedoch wegen des Rückgangs des Tuchhandels gegen Ende des 14. Jh. nie zu Ende geführt wurde. Der spätgotische Palast links war von Karl V. als Sitz des Großen Rates geplant. Unter genauer Beachtung des ursprünglichen Bauplans wurde er 1913 vollendet.

Naar men vertelt heeft **Temse** zijn naam te danken aan Eduard III, koning van Engeland, die in 1338 door de gelijkenis tussen de Scheldevallei en de oevers van de Theems zou zijn getroffen. Wat er ook van zij, het lot van deze bedrijvige industriestad werd in hoge mate door de Schelde bepaald, die naarmate ze de grens van Oost-Vlaanderen nadert steeds breder wordt.

It is said that **Temse** owes its name to King Edward III of England who was struck by the similarity between the countryside of the Scheldt and that of the English river, the Thames. Be what may, the history of this industrious industrial town is intimately bound up with that of the river which broadens before leaving East Flanders.

On raconte que **Tamise** doit son nom au roi d'Angleterre Edouard III qui, en 1338, avait été frappé par la ressemblance du paysage scaldéen avec celui du fleuve anglais homonyme. Quoi qu'il en soit, l'histoire de cette ville industrielle et industrieuse se confond avec celle du fleuve qui a pris de l'ampleur avant de quitter la Flandre Orientale.

Die Legende führt den Namen der Stadt **Temse** auf den englischen König Eduard III. zurück, der sich 1338 über die verblüffende Ähnlichkeit zwischen dem Scheldetal bei Temse und dem der Themse gewundert haben soll. Wie dem auch sei, diese Industrie- und Handelsstadt verdankt der Schelde, die an der Grenze Ostflanderns immer breiter wird, ihren Wohlstand.

Het kasteel van **Cleydael** heeft zijn naam aan de samenstelling van de grond te danken waarop het in de 14de eeuw werd gebouwd. In 1518 werd het vergroot. Daar het sedertdien geen enkele wijziging onderging is het een merkwaardig voorbeeld van een herenwoning uit de 16de eeuw. Cromwell verbleef er onder het wakend oog van zijn tante, Anna Hooftman.

The castle of **Cleydael** owes its name — dale of clay — to the soil on which it was built in the 14th century. It has remained undamaged since it was enlarged in 1518, and thus constitutes a remarkable example of a 16th century nobleman's residence. Cromwell stayed in it under the watchfull eye of his aunt, Anne Hooftman.

Le château de **Cleydael** doit son nom — val d'argile — à la nature du sol sur lequel il fut construit au XIVᵉ siècle. Demeuré intact depuis son agrandissement en 1518, il est un remarquable exemple d'habitation seigneuriale du XVIᵉ siècle. Cromwell y séjourna sous la surveillance de sa tante Anne Hooftman.

Schloß **Cleydael** verdankt seinen Namen — Kleital — der Art des Bodens, auf dem es im 14. Jahrhundert erbaut wurde. Seit einer Vergrößerung im Jahre 1518 unverändert geblieben, ist es ein bemerkenswertes Beispiel der Herrensitze aus dem 16. Jahrhundert. Cromwell weilte dort unter der Aufsicht seiner Tante Anne Hooftman.

Op talrijke etsen uit de 16de eeuw staan stadsgezichten van **Antwerpen** gezien van op de linkeroever van de Schelde afgebeeld. Niettegenstaande alle wijzigingen in het stadsbeeld, o.a. door de oprichting van het stoere, 87 m hoge Torengebouw (1929-1930), steekt de toren van de O.-L.-Vrouwkathedraal nog altijd boven de stad uit.

Le panorama d'**Anvers**, vu depuis la rive gauche de l'Escaut, a fréquemment inspiré les graveurs du XVIe siècle. Il a considérablement changé depuis lors, mais la prestigieuse tour de notre-Dame le domine toujours malgré la présence massive du *Torengebouw* (1929-1930), gratte-ciel qui atteint quatre-vingt-sept mètres.

The panorama of **Antwerp** seen from the left bank of the Schelde often inspired 16th century engravers. It has changed considerably since then, but the renowned tower of Our Lady still stands out despite the massive Torengebouw (1929-1930) skyscraper which is 87 meters high.

Die vom linken Scheldeufer aus gesehene **Skyline Antwerpens** wurde im 16. Jh. wiederholt auf Kupferstichen abgebildet. Obschon sich inzwischen vieles verändert hat, überragt der großartige Turm der Liebfrauenkirche noch immer alles, sogar den 87 m hohen Wolkenkratzer, das 1929-1930 errichtete Torengebouw.

◁

De **Suikerrui**, eigenlijk de gracht waarlangs de suikerhandelaars woonden, verbindt de Grote Markt van Antwerpen met de Van Dijck-kaai. Op de hoek van de kaai en de rui staat het in het begin van de twintigste eeuw gebouwde Hansahuis, dat Jef Lambeau met allegorische standbeelden heeft verfraaid. Op de achtergrond rijst de toren van de O.-L.-Vrouwekerk op.

The Grote-Markt of Antwerp is linked to the Van Dyck wharf by the **Suikerrui** which takes it name from the old Sugar canal. On the corner of the wharf, allegorical statues by Jef Lambeau decorate the Hanse House built in the early 20th century. The tower of Our Lady rises in the distance.

La grand-place d'Anvers communique avec le quai Van Dyck par le **Suikerrui** qui doit son nom à l'ancien canal du Sucre. A l'angle du quai, des statues allégoriques de Jef Lambeau ornent la Hansahuis construite au début du XXᵉ siècle. Au fond de la perspective se profile la tour de Notre-Dame.

Die **Suikerrui**, deren Name eigentlich Graben der Zuckerhändler bedeutet, verbindet den Marktplatz von Antwerpen mit dem Scheldeufer (Van Dijckkaai). An der Ecke des Kais und des Grabens befindet sich das Anfang des 20. Jh. gebaute Hansahaus, das Jef Lambeau mit allegorischen Standbildern schmückte. Im Hintergrund erhebt sich der Turm der Liebfrauenkirche.

△

In de Sinjorenstad struikel je over de prachtige herenhuizen, maar de verfijnde elegantie van weleer is soms beter bewaard gebleven in oude particuliere huizen dan in de grote paleizen. Het hotel **De Rosier** — de naam verwijst naar een in de 16de eeuw opgetrokken pand — is daar een mooi voorbeeld van.

Princely hotels abound in the city of the « Sinjoren » (= gentlemen) but it is rather in the old private dwellings that the refined atmosphere of past centuries is to be found. Such is the case of the **De Rosier** hotel which bears the name of the pand founded there in the 16th century.

Les hôtels de prestige ne manquent pas dans la ville des *Sinjoren*. Mais, davantage que dans les palaces, c'est dans les anciennes maisons privées que l'on peut retrouver l'atmosphère raffinée des siècles révolus. Ainsi en est-il de l'hôtel « **De Rosier** », nom d'une demeure patricienne construite au XVIᵉ siècle.

In Antwerpen, der Stadt der „Sinjoren" (= Herren), ist an prachtvollen Herrenhäusern gewiß kein Mangel, doch blieben Geist und Raffinement verflohener Zeiten oft besser in alten Privathäusern erhalten. Dies gilt u.a. für das jetzige Hotel **De Rosier**, ein Gebäude aus dem 16. Jh.

△

De in 1899 verbrede en zeer drukke **Leysstraat** verbindt het Teniersplein met de nog drukkere Meir in Antwerpen. De luxueuze gebouwen aan weerskanten munten qua stijl uit door prachtlievendheid en eenheid in verscheidenheid. Het parementwerk van haast uitsluitend witte steen en de vrij eenvormige geledingen laten veel speelruimte aan het eclectisme dat typisch was voor de bouwkunst rond de eeuwwisseling (1895 - 1905) en er niet voor terugdeinsde neoclassicistische en neobarokke vormelementen naast elkaar te plaatsen. Deze straat, waarvan de naam aan de Antwerpse landschapsschilder Hendrik Leys (1815-1869) herinnert, werd terecht als voorbeeld van de eclectische monumentale architectuur geklasseerd en is dus in haar geheel beschermd.

La très commerçante **rue Leys**, élargie en 1899, joint la place Teniers au Meir d'Anvers. Les riches immeubles qui la bordent frappent d'abord par l'opulence et l'homogénéité. Mais l'unité n'empêche pas la diversité : malgré l'usage uniforme de la pierre blanche dans les parements et la régularité des nervures, l'éclectisme architectural à la mode au tournant des XIXᵉ et XXᵉ siècles permet la juxtaposition des styles néo-classique et néo-baroque. A juste titre, cette rue qui porte le nom du peintre anversois Henri Leys (1815-1869) a été classée comme paysage urbain et, comme telle, elle bénéficie de la protection de son ensemble.

The busy commercial **Leysstraat**, linking Teniers square to the Meir of Antwerp, was widenend in 1899. The opulence and homogenity of the handsome buildings lining it is quite remarkable. However, unity does not prevent diversity. The architectural eclecticism in vogue at the turn of the 19th century allowed the juxtaposition of neoclassic and neobaroque styles, which harmonize by means of the uniform use of white dressed stone and the regularity of the ribbing. This street, named after the Antwerp artist Henri Leys (1815-1869), has deservedly been classified as an urban landscape and, as such, is protected in its entirety.

Die 1899 verbreiterte **Leysstraat** ist eine Geschäftsstraße und verbindet das Teniersplein mit dem Meir in Antwerpen. Die Gebäude die Straße entlang zeugen von großem Wohlstand und sind zugleich aneinander angeglichen und sehr verschieden. Obschon fast überall weiße Steine als Mauerschmuck verwendet werden und es nicht an Übereinstimmungen in der Gliederung fehlt, schreckt der Eklektizismus der Jahrhundertwende (1895-1905) nicht vor der Konfrontation von neoklassizistischem und neubarockem Stilgut zurück. Nicht zu Unrecht wurde die Leysstraat, deren Namen an den Antwerpener Landschaftsmaler H. Leys (1815-1869) erinnert, als städtische Landschaft und Beispiel des Eklektizismus in der Baukunst klassiert und ist somit als Ganzes gesetzlich geschützt.

△

Het koor van de **O.-L.-Vrouwkerk** werd in 1352 gebouwd. Jan Appelmans gaf aan de pijlers die de gewelven schragen, hun opwaartse beweging. Een tiental meester-metsers volgden elkaar op, tot tenslotte Antoon Keldermans en Dominiek de Waghenare van 1521 tot 1530 de toren op zijn definitieve hoogte van 123 meter brachten.

La **cathédrale Notre-Dame** fut commencée en 1352 par le chœur. Jan Appelmans donna le plus merveilleux mouvement ascensionnel aux piliers qui supportent les reins des voûtes. Une dizaine de maîtres-maçons se succédèrent encore. Finalement, Antoine Keldermans et Dominique de Waghenare survinrent à point, qui, entre 1521 et 1530, conduisirent la tour jusqu'à son sommet de 123 mètres.

The choir of the **cathedral of Notre-Dame** was started in 1352. Afterwards Jan Appelmans gave a marvellous upward sweep to the pillars supporting the arches. Some ten master-masons carried on the work until, between 1521 and 1530, Antoine Keldermans and Dominique de Waghenare built up the tower to its summit of 123 meters.

Der Bau des Chores der **Liebfrauenkirche** wurde 1352 begonnen. Jan Appelmans verlieh den Pfeilern, die die Gewölbezwickel tragen, ihre wundervolle aufwärts strebende Bewegung. Es folgten noch ein kleines Dutzend Baumeister, bis schließlich Antoine Keldermans und Dominique de Waghenare zwischen 1521 und 1530 den 123 Meter hohen Turm errichteten.

◁

Pieter Paul Rubens is te Antwerpen alomtegenwoordig. Maar zijn heiligdom bij uitstek is het Rubenshuis, een herenwoning die hij in 1610 in de Scheldestad aankocht en waar hij een atelier, een expositiezaal en een portiek in Italiaanse barok liet bijbouwen. Hij leefde en werkte er van 1616 tot zijn dood in 1640.

Pierre-Paul Rubens est partout présent à Anvers. Mais son sanctuaire, c'est la maison de style flamand qu'il acquit dans la cité scaldéenne en 1610 et à laquelle il ajouta un atelier, une salle d'exposition et un portique en style baroque italien. Il y vécut et il y œuvra de 1616 jusqu'à sa mort en 1640.

In Antwerp **Rubens** is omni-present — but nowhere more than in the Flemish-style house which he bought in 1610 and to which he added a workshop, gallery and Italian baroque portico. In this house he lived and worked until his death in 1640.

Peter-Paul Rubens ist in Antwerpen allgegenwärtig. Aber sein Heiligtum ist das Haus im flämischen Stil, das er 1610 in der Scheldestadt erwarb und an das er ein Atelier, einen Austellungssaal und einen Portikus im italienischen Barockstil anbaute. Dort lebte und wirkte er bis zu seinem Tode in 1640.

△

De **Sint-Carolus-Borromeuskerk** te Antwerpen, voormalige kerk der jezuïeten. De gevel en de toren zouden door Rubens zijn getekend (1615-1621).

La façade et la tour de l'**église Saint-Charles Borromée** à Anvers, ancienne église des jésuites, passent pour avoir été dessinées par Rubens (1615-1621).

The front and tower of the **church of St. Charles Borromee** are said to have been designed by Rubens (1615-1621).

Die Fassade und der Turm der **St.-Karl-Borromäus-Kirche** sollen von Rubens gezeichnet worden sein (1615-1621).

◁

De grote renaissancepoort van **El Valenciano**, Zirkstraat 32 te Antwerpen, verleent toegang tot een binnenplein. Het vrij indrukwekkende pand bevat o.a. een galerij uit de 17de eeuw en de afmetingen van de kelders laten vermoeden dat het ooit de zoutbeurs is geweest.

The huge Renaissance door of **El Valenciano** at 32 Zirkstraat in Antwerp opens onto the inner courtyard. A 17th century gallery forms part of this imposing building; the huge cellars may have been used formerly as the salt market.

La grande porte Renaissance d'**El Valenciano**, au 32 de la Zirkstraat à Anvers, s'ouvre sur la cour intérieure. Une galerie du XVIIe siècle fait corps avec le bâtiment qui ne manque pas d'ampleur. Les vastes caves font, d'ailleurs, croire que le bâtiment servit jadis de bourse du sel.

Das im Renaissancestil gebaute Tor des **El Valenciano**, 32 Zirkstraße in Antwerpen, führt zum Innenhof des stattlichen Gebäudes, zu dem auch eine Galerie aus dem 17. Jh. gehört. Die Ausmaße der Kellerräume führen zur Annahme, daß an diesem Stapelplatz wahrscheinlich Salz verhandelt wurde.

△

De kapel van O.-L.-Vrouw Geboorte te Antwerpen, in de volksmond de «**Schoenmakerskapel**», maakte vroeger deel uit van een godshuis. De weelderige barokke decoratie van het koor bereikt haar hoogtepunt in het altaar, waarboven de ten hemel opgenomen Moedermaagd troont.

The Gothic chapel of the Nativity of the Virgin in Antwerp, commonly known as **Schoenmakerskapel** — the Shoemakers' Chapel — belongs to a group of buildings that made up the old hospital. The choir is decorated lavishly in opulent baroque culminating at the huge altar dominated by the Virgin of the Assumption.

A Anvers, la chapelle gothique de la Nativité de la Vierge, communément appelée **Schoenmakerskapel** (chapelle des cordonniers), appartient à l'ensemble que formait l'ancienne maison-Dieu. Son chœur a reçu une surabondante décoration baroque qui culmine autour de l'autel monumental que surplombe une Vierge de l'Assomption.

Die Mariä Geburt in Antwerpen gewidmete gotische Kapelle heißt im Volksmund die **Schusterkapelle**. Sie war früher Teil eines Hospizes. Die verschwenderische Formenfülle der Ornamente gipfelt im schwungvollen Barockaltar, über dem die gen Himmel aufsteigende Gottesmutter thront.

Het stadhuis op de Grote Markt van **Lier** werd in 1740 door de Antwerpenaar J.-P. van Baurscheit d.J. in rococostijl gebouwd. Het staat vlak naast het Belfort (1411), dat tegen de Lakenhalle was aangebouwd. De zuilen van de ingangspartij en het balkon breden een majestueuze aanblik.

Het door de in Lier geboren en getogen dichter Felix Timmermans beroemd geworden begijnhof van Lier werd in de 13de eeuw aan een van de stadspoorten door drie even vrome als rijke juffrouwen gesticht. Een eeuw later leefden er driehonderd begijnen. De inbeslagneming door Franse revolutionairen in 1792 werd noodlottig voor de instelling. De huizen worden thans bewoond door particulieren, vooral door kunstenaars of schrijvers.

The town hall on the main square at **Lier**, built by J.P. van Baurscheit of Antwerp, a master of the rococo style, contrasts with the belfry of 1411, all that remains of the old Cloth Hall. The entrance columns supporting the balcony give it a certain majesty.

Made famous by the local novelist Felix Timmermans, the Beguine convent at Lierre was founded in the 13th century, near the town gates, by three rich and pious young ladies. At the end of the next century, more than 300 Beguines lived there. But the convent closed when the buildings were confiscated by the French revolutionaries. The houses are now inhabited privately, particularly by artists and writers.

Sur la grand-place de **Lierre**, l'hôtel de ville édifié en 1740 par J.-P van Baurscheit, le maître anversois de l'architecture rococo, fait contraste avec le beffroi de 1411, vestige de la halle aux draps. L'effet produit par les colonnes de l'entrée, qui supportent le balcon, n'est pas dépourvu de majesté.

Célébré par le romancier local Félix Timmermans, le béguinage de Lierre fut fondé au XIIIe siècle, aux portes de la ville, par trois demoiselles aussi pieuses que fortunées. A la fin du siècle suivant, il abritait quelque trois cents béguines. La confiscation des bâtiments par les révolutionnaires français en 1792, fut fatale. Les maisons sont actuellement habitées par des particuliers, notamment des artistes et des écrivains.

Das Rathaus von **Lier** wurde 1740 vom Antwerpener J.-P. van Baurscheit, einem Meister des Rokoko, errichtet. Es steht in ausgesprochenem Kontrast zum Bergfried (1411), einem Teil des früheren Gewandhauses. Die Säulen am Eingang mit dem auf sie aufruhenden Balkon verleihen dem Ganzen ein vornehm-majestätisches Aussehen.

Das vom zeitlebens dort ansässigen Schriftsteller Felix Timmermans besungene Heim der Beginen in Lier wurde im 13. Jh. von drei gleichermaßen frommen und wohlhabenden Fräuleins vor den Pforten der Stadt gegründet. Am Ende des folgenden Jahrhunderts lebten dort ungefähr 300 Beginen. Die Beschlagnahmung durch die französischen Revolutionäre erwies sich für das Stift als verhängnisvoll. Die Häuser sind jetzt von Privatleuten, meist Künstlern und Schriftstellern, bewohnt.

△
De omwalling met hoge schoormuren van de **abdij van Tongerlo** doet enigszins denken aan die van Cluny. Net zoals de toren zijn deze muren een teken van de wereldlijke macht van de prelaten, die er in het moment van gevaar niet voor terugdeinsden troepen onder de wapenen te roepen.

Les murs de l'enceinte à hauts contreforts de l'**abbaye de Tongerlo** rappellent quelque peu ceux de Cluny. Tout comme la tour, ils sont le signe visible de la puissance politique des prélats qui, à l'heure du danger, n'hésitaient pas à lever des troupes.

The surrounding walls of **Tongerlo Abbey**, with their high buttresses, are slightly reminiscent of those at Cluny. Like the tower, they are the visible manifestation of the political power of the prelates who, in times of danger, did not hesitate to raise an army.

Die mit hohen Strebepfeilern abgestützten Mauern der Einfriedung der **Abtei von Tongerlo** erinnern in gewisser Hinsicht an die von Cluny. Wie der Turm sind sie der sprechende Beweis für die politische Macht der Prälate, die in der Stunde der Gefahr nicht davor zurückschreckten, selber Truppen auszuheben.

▷
De inscriptie boven het barokke portaal (1671) van het **begijnhof te Diest** suggereert op meesterlijke wijze de sfeer die in dit besloten en stille toevluchtsoord heerst: «Besloten hof — Comt in mijnen hof, mijn suster, mijn bruyt. »

L'inscription sur le portail baroque (1671) du **béguinage de Diest** évoque à merveille l'atmosphère préservée de ce refuge du silence : « Jardin clos. Viens dans mon jardin clos, ma sœur, mon épousée ».

The legend on the baroque portal (1671) of the **Beguinage at Diest** evokes wonderfully the protective atmosphere of this quiet refuge : « Secret garden. Come into my secret garden, my sister, my wife. »

Die Inschrift über dem Portal in Barockstil (1671) des **Klosters der Beginen in Diest** beschwört auf eindringliche Weise die wohlbehütete Welt dieses stillen Zufluchtsortes herauf: « Komme in meinen umfriedeten Garten, meine Schwester, meine Braut. »

In de 11de eeuw was **Borgloon** de hoofdplaats van het graafschap Loon, dat in aardrijkskundig opzicht op de huidige, in 1839 ontstane Belgische provincie Limburg lijkt als twee druppels water. Borgloon was welvarend zolang de graven van Loon er hun burcht hadden. Toen die in 1180 werd vernield, gaven de Loonse graven de voorkeur aan Kuringen. Geleidelijk aan werd Borgloon daarna een vredig boerendorp, waar de fruitteelt pas in de 19de eeuw een hoge vlucht nam.

In the 11th century **Borgloon** — *Looz* — gave its name to the feudal county which became, except for a few square kilometers, the province of Limburg in 1839. As long as the Counts of Looz had their seat there, the little town was prosperous. But after the destruction of the castle in 1180 the Counts moved to Kuringen and the county capital slowly declined into a peaceful farming village. In the 19th century fruit growing became an important industry.

Borgloon — *Looz* — donna au XIe siècle son nom au comté féodal qui, à quelques kilomètres carrés près, devint la province de Limbourg en 1839. Tant que les comtes de Looz y eurent leur château, elle fut une petite ville florissante. Mais, après la destruction du château en 1180 et la préférence accordée à Kuringen comme lieu de résidence des seigneurs, la capitale du comté devint progressivement un paisible village agricole où la culture fruitière prit une grande extension à partir du XIXe siècle.

Die Grafschaft Loon (auch Looz geschrieben), deren Hauptort **Borgloon** war, entsprach im 11. Jh. fast haargenau der heutigen, 1839 entstandenen belgischen Provinz Limburg. Solange die Grafen von Loon in Borgloon residierten, war die Ortschaft wohlhabend, doch als die Grafen nach der Zerstörung ihrer Burg in Borgloon (1180) vornehmlich in Kuringen ansässig wurden, verkümmerte sie mehr und mehr. Erst im 19. Jh. verhalf die rasche Entwicklung des Obstanbaus dem friedlichen Dorf wieder zum Wohlstand.

△

Zoals uit de jaartalankers valt op te maken werd het **stadhuis van Borgloon** in 1680 gebouwd. De evenwichtige combinatie van baksteen en blauwe steen, de fraaie open galerij, de geslaagde groepering van de sluitstenen boven de druiplijsten, dit alles wijst op een aan preciositeit grenzende tendens in de Maaslandse renaissancestijl.

In de baroknis op de hoek houdt de Moedermaagd het zieke Jezuskind in haar armen, een op Mariabeelden niet vaak voorkomend motief.

L'hôtel de ville de Borgloon est daté de 1680 par les ancrages très apparents sur la façade. Le mariage de la brique et de la pierre bleue, l'élégance du portique, le jeu décoratif des claveaux au-dessus de l'entablement des larmiers, tout indique un moment précieux dans l'évolution du style Renaissance mosane.

Dans la niche d'angle, une Madone tient dans ses bras un enfant Jésus souffrant, ce qui est assez exceptionnel dans l'iconographie mariale.

The anchor plates on the façade of the **town hall of Borgloon** give the date 1680. The mixture of brick and bluestone, the elegant portico, the decorative pattern of the arch-stones above the gutter overhang demonstrate a certain preciosity in the evolution of the Mosan Renaissance style.

In a corner niche a Madonna holds a suffering baby Jesus in her arms, something rarely seen in Marian iconography.

Wie die in der Mauer verankerte Jahreszahl mitteilt, wurde das **Rathaus von Borgloon** 1680 errichtet. Das gelungene Wechselspiel von blauem und weißem Stein, der schmucke Portikus, die spielerische Verteilung der Wölbsteine oberhalb des Gesimses und der Traufleisten, dies alles sind Anzeichen einer der Preziosität und dem Manierismus zustebenden Tendenz im maasländischen Renaissancestil.

In der barocken Eckennische überrascht das in Mariadarstellungen äußerst seltene Motiv : Die Gottesmutter hält hier das kranke Jesuskind in den Armen.

△

Niet ver van Borgloon staat er een stoere, vierkante middeleeuwse donjon haast te midden van eeuwenoude eikebomen. Die donjon maakt thans deel uit van het kasteel van **Rullingen**, waarvan het hoofdgebouw pas in de 17de en 18de eeuw werd opgetrokken. Vooral omwille van het portaal, de geveldriehoeken en de hoge kruisramen is het gebouw een voorbeeld van Maaslandse renaissancestijl met Brabantse inslag.

Non loin de Borgloon, près d'un bois de vieux chênes, une massive cour carrée a la silhouette d'un donjon médiéval. Elle est intégrée dans le château de **Rullingen** dont le corps de logis date des XVIIe et XVIIIe siècles. Au style mosan, qui fut d'abord le sien, s'est ajouté celui de la Renaissance brabançonne, ce dont témoignent le porche, les frontons triangulaires et les fenêtres droites.

Not far from Borgloon, near an old oak forest, stands a massive, square tower similar to a mediaeval keep. It is integrated into the castle of **Rullingen**, the main body of which dates from the 17th and 18th centuries. Elements of the Brabantine Renaissance such as the porch, the triangular pediments and the long windows have been grafted on to the original Mosan style.

Nicht weit von Borgloon und einem uralten Eichenwald ragt ein quadratischer, mittelalterlicher Donjon empor. Er wurde in Schloß **Rullingen** eingegliedert, dessen Hauptgebäude jedoch aus dem 17. und 18. Jh. stammt. Wie das Tor, die Giebeldreiecke und die hohen Fenster mit Fensterkreuzen zeigen, wurden hier maasländische und brabantische Varianten des Renaissancestils miteinander verschmolzen.

▷

De kleine Haspengouwse gemeente **Sluizen** was in de Middeleeuwen aan de wetgeving van het Duitse Rijk onderworpen. De St.-Servatiuskerk in Romaanse stijl dateert uit de 11de eeuw, maar het bovenste gedeelte van de voor Maaslandse kerken typische vierkante, stoere toren is 13de-eeuws.

Ondanks de in menig opzicht niet geslaagde restauratie van 1865 heeft het gebouw zijn rustieke charme bewaard.

Ancienne terre franche dépandant directement de l'empire germanique, le petit village hesbignon de **Sluizen** possède, depuis le XIe siècle, une chapelle dédiée à Saint-Servais. La tour carrée occidentale, caractéristique des églises romanes en pays mosan, a visiblement été rehaussée d'un niveau.

Les maladresses de la restauration entreprise en 1865 n'ont heureusement pas entamé le charme rural de l'édifice.

Formerly a free territory directly dependent on the Holy Roman Empire, the little village of **Sluizen** in the Hesbaye has had a chapel dedicated to Saint Servais since the 11th century. It can be seen that the square west tower, characteristic of Romanesque churches in the Meuse area has been elevated by a storey. Luckily, the clumsy restoration begun in 1865 has not spoiled the rustic charm of the building.

Sluizen, ein kleines Dorf im Haspengau, unterstand im Mittelalter der Gerichtsbarkeit des Deutschen Reiches. Es besaß bereits im 11. Jh. eine dem hl. Servatius geweihte Kapelle. Der quadratische Turm an der Westseite, ein Charakteristikum der maasländischen Romanik, wurde im 13. Jh. um ein Stockwerk erhöht. Trotz der mit vielen Mängeln behafteten Restaurierung von 1865 hat das Gotteshaus sein schlichtes, rustikales Aussehen bewahrt.

De in zekere mate van het cultuurgebeuren afgesneden Kempen bleven « *trouw aan een nederig verleden* ». Daar bestaan nog uitgestrekte natuurreservaten. In het openluchtmuseum van **Bokrijk** heeft men oude hoeven, schuren, kapellen en molens uit de Vlaamse gouwen samengebracht en zo van vernieling gespaard.

As it lay far removed from the mainstream of civilisation, the Campine area was for a long time « *faithful to its humble past* ». Here there are large natural reserves. Farms, barns, chapels and mills from all parts of Flanders have been saved from destruction and reconstructed in the open air museum of the **Bokrijk** estate.

Son éloignement des grandes voies historiques de civilisation laissa longtemps la Campine « *fidèle à un humble passé* ». Il y subsiste de vastes réserves naturelles. Dans le musée de plein air du domaine de **Bokrijk** on a remonté et sauvé de la destruction des fermes, des granges, des chapelles et des moulins provenant de provinces flamandes.

Seine Entfernung von den großen historischen Straßen der Zivilisation ließ das Kempenland lange « *einer demütigen Vergangenheit treu* » bleiben. Dort bestehen noch ausgedehnte Naturschongebiete. Im Freiluftmuseum der Domäne **Bokrijk** wurden Bauernhäuser, Scheunen, Kapellen und Mühlen, die aus flämischen Provinzen stammen, wieder aufgebaut und vor der Zerstörung gerettet.

△
Ofschoon de eerste kerk er in de 9de eeuw gesticht was, werd de bouw van de huidige O.-L.-Vrouwbasiliek van **Tongeren** pas in de 13de eeuw aangevat. Eerst werd het rechte koorgedeelte gebouwd (1240). De toren dateert van 1442-1541. Hij heeft vier verdiepingen met telkens een versmalling, die gemilderd wordt door pinakels.

Fondée au IXᵉ siècle, l'église Notre-Dame de **Tongres** fut réédifiée au XIIIᵉ siècle, en commençant par la partie rectiligne du chœur (1240). La tour date de 1442-1541; elle articule quatre étages formés de retraits soulignés aux angles par des pinacles.

The church of Notre-Dame in **Tongres**, founded in the 9th century, was rebuilt in the 13th, beginning with the choir (1240). The tower, built between 1442 and 1541, consists of four retreating storeys, emphasized by pinnacles on the corners.

Obschon sie im 9. Jh. gegründet worden war, wurde der Bau der heutigen Liebfrauenbasilika von **Tongeren** erst im 13. Jh. im Angriff genommen. Man begann mit dem gradlinigen Teil des Chors (1240). Der sich allmählig verjüngende Turm entstand zwischen 1442 und 1541; die vier Stockwerke sind an den Ecken durch kleine Fiale markiert.

▷
De aan de Maas gelegen stad **Maaseik** heeft haar bekendheid hoofdzakelijk te danken aan de gebroeders Van Eyck, die er geboren zouden zijn. Rond het marktplein met zijn dubbele rij lindebomen net zoals in de naburige straten van het vroeger tot het prinsbisdom Luik behorende stadje zijn talrijke zeer fraaie Maaslandse gevels bewaard gebleven.

La réputation de **Maaseik**, sur les rives de la Meuse, est liée à celle des frères van Eyck qui y seraient nés. De surcroît, sur la grand-place plantée de tilleuls, la petite ville principautaire possède de splendides façades de style mosan. D'autres, non moins remarquables, sont dispersées le long des rues.

Maaseik, on the banks of the Meuse, is known principally as the birth place of the van Eyck brothers. On the town square, shaded by lime trees, are splendid Mosan façades and others, just as remarkable, may be found along the neighbouring streets.

Maaseik, an den Ufern der Maas, ist vor allem als vermutlicher Geburtsort der Brüder Van Eyck bekannt. Prächtige Häusergiebel in maasländischem Stil umgeben den Marktplatz mit der schönen Lindenallee und stehen anderwärtig die Straßen entlang.

De wapenhandel is altijd een bron van rijkdom geweest, tenminste voor de wapenhandelaars. In het neutrale prinsbisdom **Luik** was dit eveneens het geval. Met zijn aanzienlijk fortuin bouwde Jean Curtius, wapenleverancier van het Spaanse leger en bankier van de prins-bisschop Ernst van Beieren, er tussen 1600 en 1610, dit prachtige, voor de Renaissancestijl in de Maasvallei karakteristieke huis. Door het gebruik van kalksteen en bakstenen springen de horizontale lijnen in dit gebouw nog meer in het oog. Ze worden nochtans enigszins afgezwakt door het wachttorentje dat boven het dak uitstijgt.

Sedert 1909 worden in het **Curtiushuis** de rijke verzamelingen van het archeologisch museum bewaard.

Le commerce des armes a toujours enrichi ceux qui s'y sont livrés. C'est le cas dans la principauté de **Liège** qui bénéficiait de son statut de neutralité. La fortune considérable de Jean Curtius, munitionnaire des armées espagnoles, banquier du prince-évêque Ernest de Bavière, lui permit de faire construire à Liège, de 1600 à 1610, une fastueuse demeure du plus pur style Renaissance mosane. L'horizontalité massive, soulignée par l'usage de la pierre calcaire et de la brique, domine l'édifice. Elle n'est rompue que par une tour de guet qui dépasse le sommet de la haute toiture.

Depuis 1909, la **maison Curtius** héberge les riches collections du musée archéologique de la ville.

Arms dealing has always enriched those who practice it and nowhere more than in the Principality of **Liège** which enjoyed neutral status. The substantial fortune amassed by Jean Curtius, armourer of the Spanish armies and banker to the Prince-Bishop, Ernest of Bavaria, allowed him to construct a luxurious mansion in Liège in pure Mosan Renaissance style between 1600 and 1610. Limestone and brick accentuate the massive horizontality of the building, relieved only by the watchtower rising above the steep roof.

Since 1909 it has housed the rich **archaeological museum** of the city.

Der Verkauf von Waffen hat den Waffenhändlern selbst zum Wohlstand verholfen. Auch im Prinsbistum **Lüttich**, dessen Neutralität verbrieft war, war dies der Fall. Jean Curtius, der das spanische Heer mit Waffen belieferte und zugleich der Bankier des Fürstbischofs war, konnte sich so zwischen 1600 und 1610 in Lüttich dieses prachtvolle Haus im reinsten Renaissancestil des Maasgebietes bauen lassen. Die Verwendung von Kalk- und Ziegelstein, verleiht den horizontalen Linien ein größeres Übergewicht. Nur das Wachttürmchen, das das Dach überragt erinnert noch an den gotischen Vertikalismus.

Seit 1909 werden die bedeutenden Sammlungen des archeologischen Museums von Lüttich im **Curtiushaus** aufbewahrt.

◁

Dit in de 18de eeuw door N. Willems in Féronstrée gebouwde herenhuis erfde de naam van de graven van Ansembourg, toen de kleindochter van de bankier in die familie inhuwde. Het is thans het **Decoratiemuseum van Luik**. Pracht en praal van de binnenverzorging, o.a. van de beschilderde plafonds, omkaderen als het ware de verzamelingen uit de 18de eeuw, waarvan de bevalligheid die van de Franse voorbeelden evenaart en een typisch Luiks tintje aan de régencestijl verleent.

L'hôtel que Nicolas Willems construisit En Féronstrée, au XVIIIe siècle, reçut le nom du comte d'Ansembourg lorsque la petite-fille du banquier liégeois fit alliance avec cette famille. C'est l'actuel **musée d'art décoratif de Liège**. La richesse de l'ornementation intérieure, notamment celle des plafonds peints, entoure désormais les collections du XVIIIe siècle, qui intègrent avec finesse le style français pour en faire un style Régence liégeois d'une évidente originalité.

The mansion built at Féronstrée in the 18th century by Nicholas Willems, a Liège banker, received the name of the Count of Ansembourg when his granddaughter married into the family. The richness of the interior ornamentation, particularly the painted ceilings, is an adaptation of French style in a highly original Liège Regency manner and serves as a fitting setting for the 18th century collections of the **Museum of Decorative Arts of Liège**.

Das herrschaftliche Haus, das N. Willems im 18. Jh. in Féronstrée baute, erhielt den Namen des Grafen d'Ansembourg, als die Enkelin des Lütticher Bankiers in dessen Familie einheiratete. Heute ist es das **Museum für Dekorationskunst von Lüttich**. Die prachtvolle Innenausstattung mit bemalten Zimmerdecken läßt die angehäuften Kunstgegenstände aus dem 18. Jh. vortrefflich zur Geltung kommen. Die Eleganz des französischen Régencestils erhält hier eine für die Lütticher Gegend typische Prägung.

△

Sinds 1697 prijkt op het **Marktplein te Luik** het **Perron**, symbool der gemeentelijke vrijheden. Het werd er opgericht door Jean Del Cour. De groep der drie Gratiën draagt een Keltische pijnappel met een kruis erop.

Dressée en 1697 sur la **place du Marché à Liège** par Jean Del Cour, la fontaine du **Perron**, symbole des libertés communales, est dominée par trois Grâces portant la pomme de pin celtique surmontée d'une croix.

The **Perron** fountain, built in the **Market square of Liège** in 1697 by Jean Del Cour, symbolises the municipal liberties. At the summit, three Graces support a Celtic pine-cone topped with a crucifix.

Den **Perron-Brunnen**, den Jean Del Cour 1697 auf dem **Lütticher Marktplatz** als Sinnbild der städtischen Freiheit errichtete, überragen drei Grazien, die den keltischen Pinienzapfen mit einem Kreuz darauf tragen.

△
Het breed uitgedijde, massieve westerblok van de **Sint-Bartholomeuskerk** in Luik is een typisch voorbeeld van de in de 12de eeuw tussen Rijn en Maas vaak voorkomende voorgebouwen. Ze zien er uit als reusachtige koffers en getuigen van een heel ander ruimtebegrip dan de vertikale, op vestingtorens lijkende voorgebouwen uit de daaraan voorafgaande eeuw.

With its wide, squat pre-nave, **St. Bartholomew** in Liège is a perfect example of massive Rhenish-Mosan box-like architecture of the 12th century. The spatial conception is quite different to the massive vertical towers of the preceding century.

Etalé en largeur, l'avant-corps de l'**église Saint-Barthélémy** à Liège est un exemple quasi parfait du « massif-coffre » rhéno-mosan du XIIe siècle. Il témoigne d'une conception de l'esprit très différente du verticalisme des « massifs-donjons » du siècle précédent.

Die **Sankt-Bartholomäuskirche** in Lüttich mit ihrer breit ongelegten Fassade ist ein typisches Beispiel der im 12 Jh. zwischen Rhein und Maas gängigen Bauart. Anstatt die ein Jahrhundert zuvor übliche vertikale, an den Hauptturm einer Burg erinnernde Form beizubehalten, verleiht man der Fassade nun das Aussehen einer massiven Truhe.

◁◁

De oprichting van de **St.-Jacobuskerk** begon in de 15de eeuw, maar de kerk werd pas in de eerste helft van de 16de voltooid. De beuken, vooral de beschilderde gewelven hebben een zeer weelderig effect. Deze ingebogen gewelven zijn ofwel met lijstwerk versierd ofwel met ster-, bloem- of bladvormige motieven overzaaid.

Begun in the 15th century and completed during the first half of the 16th, **St. James** church boasts richly decorated naves and vaults. The flattened vaults are ornamented either with a network of moulded trellis-work or with star, flower or leaf motifs.

Commencée au XVᵉ siècle, l'**église Saint-Jacques** fut achevée durant la première moitié du siècle suivant. Ses nefs, en particulier leurs voûtes, ont bénéficié d'une décoration très riche. Surbaissées, celles-ci sont ornées soit d'un réseau de moulures et treillis, soit de motifs en forme d'étoile, de fleur ou de feuillage.

Der Bau der **St.-Jakobskirche** wurde im 15. Jh. in Angriff genommen, doch das Gotteshaus wurde erst in der ersten Hälfte des 16. Jh. vollendet. Der Innenraum, vor allem die Gewölbe wurden prachtvoll ausgeschmückt. Die recht flach konstruierten Gewölbe sind zum Teil in ein Raster von plastisch gestalteten Rippen eingespannt, zum Teil mit stern-, blumen- oder blattförmigen Motiven bemalt.

△

Het doodlopende straatje Impasse des Ursulines aan de voet van de Montagne de Bueren in **Luik** leidt tot voor het **begijnhof van de H. Geest** (17de eeuw), waar lang geleden een poststation met vakwerkmuren tegenaan werd gebouwd. Dit zeer netjes gerestaureerde geheel is thans het Museum voor Chinese Kunsten en Geschiedenis.

The Impasse des Ursulines at the foot of the « Bueren mountain » in **Liège** leads to one of the buildings of the 17th century **Holy Ghost Beguine Convent** abutting on an old half-timbered post inn. A Museum of the Arts and History of China has recently been opened in this skilfully restored architectural ensemble.

A **Liège**, au pied de la Montagne de Bueren, l'impasse des Ursulines débouche sur un bâtiment du **béguinage du Saint-Esprit** (XVIIᵉ siècle) auquel est accolé un ancien relais de postes à colombages. Cet ensemble architectural habilement recréé abrite, depuis peu, un musée des arts et d'histoire de la Chine.

Die Sackgasse Impasse des Ursulines am Fuß der Montagne de Bueren in **Lüttich** führt den Besucher zum **Beginenhof des Hl. Geistes** aus dem 17. Jh., an den etwas später eine Poststation im Fachwerkstil angebaut wurde. In dem vorzüglich restaurierten Gebäudekomplex ist jetzt das Museum für chinesische Künste und Geschichte untergebracht.

▷

De steile straten van Luik en de op terrassen aangelegde tuinen lopen trapsgewijs op tegen de hellingen van de heuvels die de stad omringen. De vierhonderd treden van de indrukwekkende **Montagne de Bueren** leiden tot de vesting van de stad, gelegen op één van de drie voornaamste heuvels van Luik.

Avec ses rues abruptes et ses jardins en terrasses, Liège s'étage sur les coteaux des hauteurs qui la ceignent. Les quatre cents degrés de l'impressionnante **Montagne de Bueren** montent à la citadelle, posée sur l'une des trois collines qui gardent la Cité ardente.

The steep streets and terraced gardens of Liège mount the slope of the surrounding hills. The 400 steps of the impressive « **Bueren mountain** » rise to the Citadel, perched on one of the three hills which guard the « cité ardente ».

Die steilen Straßen und die Terrassengärten der Stadt steigen stufenweise die Abhänge der Hügel hinauf, die Lüttich umschließen. Die imposanten vierhundert Stufen der **Montagne de Bueren** führen zur Festung der Stadt, die sich auf einer der drei Anhöhen ausstreckt, auf denen Lüttich gebaut wurde.

◁◁

In de **Fonds-de-Quareux** heeft de Amblève een diepe bergengte uitgegraven in het beboste ertsgebergte. Enorme blokken kwartssteen, door de erosieve werking van het water uit de bergen losgemaakt, liggen verspreid in de bedding van de schuimende rivier.

The river Amblève has carved out a narrow gorge through the wooded rocky mass. The **Fonds-de-Quareux**, great blocks of quartz, have been torn from the mountain by the erosive action of the river and lie amid the foaming water.

Aux **Fonds-de-Quareux**, l'Amblève a creusé une gorge étroite à travers le massif hercynien couvert de forêts. Arrachés de la montagne par l'action érosive des eaux, les blocs de quartzite sont éparpillés dans le lit de la rivière écumante.

Im **Fonds-de-Quareux** grub die Amel eine enge Schlucht durch das mit Wäldern bedeckte herzynische Gebirge. Durch die fressende Wirkung der Gewässer vom Berg abgerissen, sind die Quarzablagerungen im schäumenden Flußbett verstreut.

△

Reeds in het begin van de 16de eeuw werd er in **Stavelot** carnaval gevierd, want reeds in 1502 verbood de abt van prinselijken bloede Willem van Manderscheidt zijn monniken aan het carnavaleske gebeuren deel te nemen. Volgens sommigen herinnert de klederdracht van de Blancs Moussis met hun grote schoudermantels en hun witte mutsen aan de smetteloos witte pijen der monniken, die zodoende, weze het ook niet in eigen persoon, tot de feestvreugde bijdroegen. Wat er ook van zij, op Laetare brengen de spookachtige vermonden met hun lange, rode neuzen heel Stavelot in rep en roer.

In 1502, Prince-Abbot Guillaume de Manderscheidt forbade his monks to participate in the traditional carnival of **Stavelot**. It is thought that the voluminous white capes and hoods of the « Blancs Moussis » represent the spotless cowled frocks of the monks who thus could be represented symbolically in the festivities. Whether this is true or not, on Laetere Sunday — third Sunday before Easter — Stavelot belongs to these ghostly, masked characters with long red noses who play pranks on the crowd.

Le carnaval se fêtait à **Stavelot** déjà au début du XVIe siècle puisqu'en 1502, le prince-abbé Guillaume de Manderscheidt interdit à ses moines d'y participer. Certains prétendent que la tenue des Blancs Moussis — vaste cape et bonnet blancs — rappelle la bure immaculée des moines que l'on voulait symboliquement présents aux réjouissances. Quoi qu'il en soit, le dimanche de la Laetare, Stavelot appartient à ces fantomatiques personnages au masque à long nez rouge.

Bereits zu Beginn des 16. Jh. wurde in **Stavelot** Karneval gefeiert, denn schon 1502 verbot der Abt von fürstlichem Blute Wilhelm von Manderscheidt seinen Mönchen am Karnevalsvergnügen teilzunehmen. Es wird behauptet, das Fastnachtskostüm der Blancs Moussis mit ihren breiten, ärmellosen Mänteln und ihren weißen Kappen erinnere an die makellos weißen Kutten der Mönche, die folglich auch, sei's auch nicht leibhaftig, ihren Beitrag zum Faschingstrubel leisteten. Wie dem auch sei, am Sonntag Lätare (3. Sonntag vor Ostern) greift das Treiben der Fastnachtsgecken mit ihren Larven und ihren langen, roten Nosen auf ganz Stavelot über.

Ontstaan rond de abdij, in 648 door de Heilige Remaclus gesticht, is **Stavelot** al zijn roem, zijn welvaart en zijn fierheid verschuldigd aan de prins-abten. De roem van Stavelot is gesymboliseerd in het schitterende schrijn van de Heilige Remaclus (ca. 1265); zijn welvaart vloeit voort uit de leerlooierijindustrie er tot in deze eeuw bloeide.

Stavelot, which grew around the abbey founded by Saint Remacle in 648, owes its fame, its ancient prosperity and its pride to the prince-abbots. Stavelot's ancient fame is symbolised by the gleaming reliquary of Saint Remacle (about 1265). Its prosperity derived from the tanneries that were still functioning until recently.

Née des œuvres de l'abbaye fondée en 648 par saint Remacle, **Stavelot** doit toute sa gloire, sa prospérité d'antan et sa fierté aux princes-abbés. La gloire de Stavelot est symbolisée par la rutilante châsse de saint Remacle (vers 1265), sa prospérité provient de l'industrie de la tannerie qui y fut pratiquée jusqu'à ces derniers temps.

Wie der gleißende Reliquienschrein des h. Remaklus (um 1265) noch bezeugt, verdankt **Stavelot** den Fürstäbten der 648 vom Heiligen gegründeten Abtei alles: Bekanntheit, einstigen Wohlstand, Selbstbewußtsein. Seine sehr alte Gerberei wurde vor kurzen stillgelegt.

Als men in het rustige, hooggelegen stadje **Limbourg** rondkuiert, valt het moeilijk zich voor te stellen dat men voet heeft gezet op de bodem van de hoofdstad van een oud hertogdom. De onopvallende herenhuizen rond het plein doen hoegenaamd niet denken aan de schrikwekkende burcht, die achtereenvolgens door de Noormannen, de Spanjaarden en de Fransen werd bestormd, alvorens ze in 1703 door Franse troepen werd vernield.

In **Limbourg**, a quiet little town perched on a hill, it is hard to imagine that you are treading the soil of the capital of a former Duchy. The austere middle-class houses around the square give no inkling of the formidable fortress of long ago, besieged by the Normans, the Spanish and the French, who destroyed it in 1703.

A **Limbourg**, petite ville quiète perchée sur les hauteurs, on imagine malaisément qu'on foule le sol d'une ancienne capitale de duché. Les sobres maisons bourgeoises qui entourent la place n'évoquent en rien la redoutable forteresse d'antan, assiégée par les Normands, les Espagnols et les Français qui la détruisirent en 1703.

Es fällt einem schwer, im stillen, auf Anhöhen gelagerten Städtchen **Limbourg** das Gefühl zu haben, daß man den Boden der alten Hauptstadt eines Herzogtums betreten hat. Die unauffälligen Bürgerhäuser, die den Platz umgeben, dürften kaum die Erinnerung wachrufen an die berüchtigte Festung von früher, die von den Normannen, den Spaniern und den Franzosen belagert wurde, bis letztere sie 1703 zerstörten.

△

De door de Hertogenwald min of meer omsloten stad **Eupen** is nu de hoofdplaats van de Duitstalige Gemeenschap, maar de talrijke oude patriciërshuizen tonen aan dat de eerste bloeiperiode van Eupen uit de tijd dateert, toen het deel uitmaakte van het hertogdom Limburg. Het voormalig huis van de familie Grand Ry — nu de zetel van het dagblad «Grenz Echo» — bestaat eigenlijk uit twee gebouwen. De deur van de hoofdingang is met een impost in prachtige rococostijl bekroond.

Eupen, situated near the Hertogenwald, already renowned for its patrician mansions dating from the period of the Duchy of Limburg, has now become the capital of the German-speaking community. On the Marktplatz the former seat of the Grand Ry, composed of two buildings, is now occupied by the daily newspaper *Grenz Echo*. The main wing is entered through an elegant door with a rococo heading.

Proche de l'Hertogenwald, **Eupen** est devenu la «capitale» de la Communauté germanophone. La ville a conforté ainsi un prestige que lui donnaient déjà ses maisons patriciennes qui datent de son appartenance au duché de Limbourg. Sur la place du Marché, l'ancienne demeure des Grand Ry — siège actuel du quotidien *Grenz Echo* — aligne deux bâtiments. On accède à l'aile principale par une gracieuse porte couronnée d'un décor rocaille.

Die größtenteils vom Hertogenwald umschlossene Stadt **Eupen** ist jetzt der Sitz der Deutschsprachigen Gemeinschaft, doch die meisten Patrizierhäuser in Eupen stammen aus der Zeit, als die Ortschaft noch zum Herzogtum Limburg gehörte. Der gegenwärtige Geschäftssitz der Tageszeitung «Grenz Echo» war früher der Wohnsitz der Grand Rys und besteht eigentlich aus zwei Gebäuden. Den Haupteingang bildet eine schmucke Tür mit einem Oberlicht in reizendstem Rokokostil.

De **Hoge Venen** — ten tijde van het Cambrium een lap zeebodem — zijn in de loop der millenia ten gevolge van prehistorische bodemopstuwingen, erosie en abrasie ontstaan. Thans worden ze terecht het dak van België genoemd. Bij Botrange liggen ze zowat 700 m boven de zeespiegel. De uitzonderlijke fauna en flora doen denken aan het hoge Noorden en aan bergstreken.

Wie denkt niet, als de avond valt, aan de bedrieglijke veenderijen uit de legenden of aan de gestalten voor wie G. Apollinaire en J. Perk hier in liefde ontvlamden?

Rising to nearly 700 meters at Botrange, the **Hautes Fagnes** are called « the roof of Belgium », but during the Cambrian period they were a sea bottom which, over hundreds of thousands of years, rose from the depths, was abraded and eroded. The flora and fauna have unusual boreal and mountain characteristics.

At twilight the mysterious atmosphere of the Hautes Fagnes brings to mind tales of treacherous bogs or the amorous memoirs of Guillaume Apollinaire.

A l'emplacement d'un fond marin de l'époque cambrienne, soulevé puis érodé et abrasé au cours de centaines de millénaires, les **Hautes Fagnes** sont le toit de la Belgique. Elles atteignent près de sept cents mètres à Botrange. Exceptionnelles, leur faune et leur flore sont de caractère boréal et montagnard.

Au crépuscule, l'envoûtement des Hautes Fagnes fait resurgir les légendes des tourbières traîtresses ou les souvenirs amoureux du poète Guillaume Apollinaire.

Im Kambrium war die Gegend des **Hohen Venns** noch Meeresgrund. Im Laufe der Jahrtausende der Vorgeschichte entstand hier durch Erdbewegungen, -abtragungen und -erosion das « Dach Belgiens », das sich bei Botrange nahezu 700 m über dem Meeresspiegel erhebt. Tier- und Pflanzenwelt weisen Übereinstimmungen mit denen nordischer und gebirgiger Gegenden auf.

Bei Sonnenuntergang denkt man unweigerlich an die verräterischen Torfgruben, von denen die Legende weiß, oder an Guillaume Apollinaires liebeskranke Gedichte und Erinnerungen.

△

Daar heel weinig gebrandschilderde ramen uit de 15de eeuw de oorlogen hebben overleefd, is de kerk van **Sensenruth** in de provincie Luxemburg des te waardevoller. De Gekruisigde is er met een ontroerende eenvoud afgebeeld tussen de met een brede stralenkrans omgeven sint Jan en de Moeder Maagd.

Peu de vitraux du XVᵉ siècle ont survécu aux destructions des guerres. Celui de l'église luxembourgeoise de **Sensenruth** est d'autant plus précieux. Il représente avec une émouvante naïveté le Christ en croix entre la Vierge et saint Jean aux larges auréoles.

Few stained glass windows from the 15th century have survived the destruction of war. The one in the Luxembourg church at **Sensenruth** is therefore all the more precious. With a moving naïveté it shows Christ on the cross between the Virgin Mary and Saint John, each under a wide halo.

Wenige bemalte Kirchenfenster des 15. Jh. haben die Zerstörungen der Kriege überlebt. Darum ist dieses hier, das sich in der Kirche von **Sensenruth** befindet, um so wertvoller. Wir sehen darauf den Gekreuzigten zwischen der Gottesmutter und dem heiligen Johannes, deren Häupter mit einem breiten Glorienschein umrandet sind.

◁◁

Van het kasteel van **Reuland**, bakermat van een van de oudste feodale families uit de Eifel, bestaat nog een toren die uitziet over de leistenen daken van de dorpshuizen, geschaard rond de kerk met bolvormige klokketoren (1712).

Du château de **Reuland**, berceau d'une des plus anciennes familles féodales de l'Eifel, il demeure une tour qui surplombe les toits d'ardoises du village tassé autour de son église au clocher bulbeux (1712).

Of the castle in **Reuland**, which was the seat of one of the oldest feudal families in the Eifel region, all that is left is a tower which dominates the slate roofs of the village and the church with its bulbous tower (1712).

Von der Burg in **Reuland**, der Wiege eines der ältesten Feudalgeschlechter der Eifel, besteht noch ein Turm, der die Schieferdächer des um seine Kirche mit dem Zwiebelturm (1712) gescharten Dorfes überragt.

Van alle tussen de Semois en de Vierre gelegen landschappen heeft **Chassepierre** de schilders van de Gaume, het uiterste Zuiden van België, het meest geïnspireerd. Als men in een bergengte verscholen dorp vanuit de hoogte bekijkt, bevalt het beter. De leien daken harmoniëren dan met de Romaanse Sint-Maartenskerk, die in 1702 van een barokke, bolvormige toren werd voorzien.

Of all the sites between the Semois and the Vierre, the one at **Chassepierre** has the most inspired the painters of Gaume. Hidden in a steep-sided gorge, the village needs to be seen from above. From here the slate roofs blend harmoniously with the Romanesque Saint Martin Church, to which was added, in 1702, a bulbous baroque bell-tower.

De tous les sites d'entre-Semois-et-Vierre, celui de **Chassepierre** a le plus inspiré les peintres de la Gaume. Caché dans une gorge encaissée, le village doit être vu de haut. Les toits d'ardoise font alors une harmonieuse escorte à l'église romane Saint-Martin qui a reçu en 1702 un clocher bulbeux baroque.

Von allen Landschaften zwischen der Semois und der Vierre haben **Chassepierre** und Umgebung am öftesten Maler aus dem äußersten Süden Belgiens zu Werken angeregt. Man sollte sich das sozusagen in einer Schlucht eingeklemmte Dorf von oben ansehen. Dann sind die Schieferdächer völlig im Einklang mit der romanischen Sankt-Martins-kirche, die 1702 mit einem barocken Zwiebelturm ausgestattet wurde.

◁◁

Vanaf de hoogten van Botassart ziet men een adembenemend schouwspel: het **Graf van de Reus**, een bomenrijk schiereiland, omstroomd door de Semois, temidden van « *een geweldige groene kloof, waar het woud zich tot aan de einder ontrolt, in een volmaakte eenzaamheid, tussen de welvende heuvelkammen* ».

From the heights of Botassart, the visitor has a particularly impressive view of the **Giant's Tomb**, a wooded peninsula enclosed by the Semois, amid « *a vast green chasm, with forest reaching to the furthermost horizon... in perfect solitude, among the undulating crests* ».

Des hauteurs de Botassart l'on découvre un fabuleux spectacle: le **Tombeau du Géant**, presqu'île boisée enserrée par la Semois, au centre d'un « *gouffre immense de verdure où la forêt déferle jusqu'au plus lointain horizon... dans une solitude absolue, parmi les remous des crêtes* » (Adrien de Prémorel).

Von den Höhen von Botassart aus entdeckt man einen fabelhaften Anblick: das sogenannte **Grab des Riesen**, eine von der Semois eingeschlossene, bewaldete Halbinsel, inmitten eines « *riesigen grünen Abgrundes, wo sich der Wald bis zum fernsten Horizont ausbreitet... in einer absoluten Einsamkeit, auf den Hängen der Gebirgsrücken* ».

△

De basiliek van **Saint-Hubert** (1526-1564) staat precies op de plaats van een vroeger heiligdom uit de 12de eeuw dat — behalve de krypte — onderging in de brand van 1524. In 1560 bestormden de calvinisten de gotische abdij en vernielden de gevel van de kerk. In het begin der 18de eeuw was abt Clément Lefèvre het beu aan de pelgrims alleen geblakerde muren en gebarsten stenen te tonen. Hij bekleedde de gotische gevel met blauwe steen. De klassieke stijl was mode. Ondanks de elegantie der beelden van Jean Del Cour doet de gevel eerder stug aan.

The basilica of **Saint-Hubert**, dating from 1526-1564, was built on the site of a 12th century sanctuary which, except for the crypt, was burnt out completely in the fire in 1524. In the year 1560, the Calvinists attacked the Gothic abbey and destroyed the facade of the church. Early in the 18th century, Abbot Clement Lefèvre, who hated to show the pilgrims the dank walls and crumbling stones of his church, covered the Gothic front with blue stone. The classical style was in vogue at the time, but to our eyes it looks unduly austere, in spite of Jean Del Cour's graceful statues.

La basilique de **Saint-Hubert** (1526-1564) occupe l'emplacement d'un sanctuaire du XIIe siècle qui, sauf la crypte, brûla dans l'incendie de 1524. En 1560, les calvinistes s'acharnèrent sur l'abbaye gothique et saccagèrent la façade de l'église. Au tout début du XVIIIe siècle, lassé d'offrir aux pèlerins l'image de murs lépreux et de pierres déchaussées, l'abbé Clément Lefèvre cacha la façade gothique sous un revêtement en pierre bleue. Le style classique était à la mode; il nous paraît bien austère, en dépit de la grâce des statues de Jean Del Cour.

Die Basilika von **Saint-Hubert** wurde 1526-1564 erbaut und steht an der Stelle einer Kirche aus dem 12. Jh., die mit Ausnahme der Krypta 1524 niederbrannte. 1560 machten sich die Kalvinisten über die gotische Abtei her und verwüsteten die Fassade der Kirche. Zu Beginn des 18. Jh. war Abt Clément Lefèvre es leid, den Pilgern das Bild der schadhaften Mauern und lockeren Steine zu zeigen, und er verbarg die gotische Fassade unter einer Verkleidung aus belgischem Marmor. Der klassische Stil war damals Mode; er scheint uns reichlich streng trotz der Anmut der Statuen von Jean Del Cour.

△
De lange hoofdbeuk van de kerk van **Saint-Hubert** is door geribde pilaren zonder kapitelen van de zijbeuken gescheiden. De opvulling van het triforium reikt tot aan de blindboogjes die als hoekversiering dienen. Het lange koor is verhoogd en verheft zich boven een crypte waar het thans zoek geraakte reliekschrijn van de heilige Hubertus werd vereerd.

The long Gothic nave of the church in **Saint-Hubert** is separated from its aisles by ribbed pillars, without capitals. The triforium backing extends into the spandrels of the arcades. The deep chancel is raised over a crypt where the reliquary of Saint-Hubert used to be worshipped before it disappeared.

La longue nef gothique de l'église de **Saint-Hubert** est séparée de ses bas-côtés par des piliers nervurés, dépourvus de chapiteaux. Le remplage du triforium se prolonge jusque dans les écoinçons des arcatures. Le chœur, très profond, est surélevé et surmonte une crypte où était vénérée la châsse de saint Hubert aujourd'hui disparue.

Das lange gotische Mittelschiff der Kirche von **Saint-Hubert** ist durch Bündelpfeiler ohne Kapitelle von den Seitenschiffen getrennt. Die Mauerfüllung des Triforiums dringt bis in die Eckverblendung mittels Bogenwerk vor. Das erhöhte, sehr lange Chor erhebt sich über einer Krypta, in der der inzwischen abhanden gekommene Reliquienschrein des heiligen Hubertus verehrt wurde.

(Blz. 100 tot 103)
Dicht bij Fourneau St.-Michel, een buiten bedrijf gesteld ijzerindustriecomplex, werd langs de oevers van de Masblette een **museum van het plattelandsleven** in het leven geroepen. Met hun oorspronkelijke bouwmaterialen kunnen talrijke Ardense huizen, die anders de pikhamer ten prooi waren gevallen, er een tweede bestaan leiden, nadat ze heel zorgvuldig zijn afgebroken en hier opnieuw zijn opgericht.

(Pages 100 to 103)
A **Museum of Rural Life** has been established next to the Fourneau Saint-Michel, an ancient metal works on the banks of the Masblette. Many old houses from the Ardennes, doomed to destruction, have been carefully dismantled and reconstructed using the original material.

(Pages 100 à 103)
Jouxtant le Fourneau Saint-Michel, ancien complexe métallurgique, un **musée de la Vie rurale** a été créé le long de la Masblette. Il permet de reconstruire avec les matériaux d'origine, soigneusement démontés, maintes maisons ardennaises qui étaient condamnées à la destruction.

(S. 100 bis 103)
In unmittelbarer Nähe des stillgelegten Hüttenbetriebs Fourneau St.-Michel wurde die Ufer der Masblette entlang ein **Museum des bäuerlichen Lebens** eingerichtet. Zahlreiche, sorgfältig Stein um Stein abgebrochene Häuser aus den Ardennen, die sonst niedergerissen worden wären, sind hier mit den ursprünglichen Bauermaterialien zu einem neuen Leben wiedererstanden.

◁

De Semois is een grillige rivier die zich in talloze bochtjes en bochtjes wringt, terwijl ze door een streek stroomt die rijk is aan legenden vol feeën en kabouterachtige « nutons ». Langs de oevers liggen de dorpen en kijken de vaak op rotsterrassen gebouwde huizen op de rivier neer. Zoals hier in **Dohan** waren veel boerderijen kasteeltjes (1619).

Rivière fantasque, se contorsionnant en replis infinis, la Semois parcourt une terre de légende, peuplée de fées et de nutons. Le long de ses rives et les dominant, les villages alignent leurs maisons sur des terrasses de rochers. Les fermes y sont souvent d'anciens manoirs, comme à **Dohan** (1619).

The capricious, serpentine Semois river coils its tortuous way through a land of legend, peopled by fairies and gnomes. Villages built on rocky terraces dominate its banks. Farms such as that at **Dohan**, built in 1619, are often old manors.

Die grillenhafte Semois windet und krümmt sich wie eine Schlange, während sie durch eine Gegend strömt, in der — so sagt es die Legende — Feen und Kobolde ihr Wesen bzw. Unwesen treiben. Die Ufer entlang strecken sich die Dörfer aus und schauen die oft auf felsigen Vorsprüngen gebauten Häuser auf den Fluß hinab. Wie hier in **Dohan** sind manche Bauernhöfe erhalten gebliebene Schlößchen.

▷

De ruïnes van het feodaal slot van **La Roche-en-Ardenne** gaan schuil onder een tapijt van marjolein en campanula's en vormen een geheel met de rotsen. De toren der Sarazijnen zou zijn sterkte te danken hebben aan een speciale mortel op basis van roggemeel.

Envahies de marjolaines et de campanules, les ruines du château féodal de **La Roche-en-Ardenne** font corps avec le roc. Parmi les tours qui les hérissent, celle des Sarrasins devrait sa solidité à un mortier à base de farine de seigle.

Overgrown with bluebells and marjoram, the ruins of the feudal castle of **La Roche-en-Ardenne** seem to be part of the rocks on which it was built. Of its several towers, the Saracen tower is said to owe its solidity to the fact that it was built with mortar made of rye flour.

Von Majoran und Glockenblumen überwuchert, bildet die Ruine der Burg **La Roche-en-Ardenne** ein Ganzes mit dem Felsen. Unter ihren Türmen soll derjenige der Sarazenen seine Dauerhaftigkeit einem Mörtel aus Roggenmehl verdanken.

Niet ver van Paliseul, waar Paul Verlaine zijn vakantie bij tantes placht door te brengen, ligt het Ardense dorp **Dochamps**. De landelijke bouwstijl van de huizen, die zich met hun leien daken als het ware verdringen rond de kerk, weerspiegelt de ietwat stroeve, strenge eenvoud van de bewoners.

Non loin de Paliseul où Paul Verlaine séjournait chez ses tantes pendant les vacances, le village ardennais de **Dochamps** tasse autour de l'église ses maisons aux toits d'ardoise. L'architecture rurale en est stricte, rugueuse, sans prétention comme l'âme des habitants.

The rural architecture of the little Ardennes village of **Dochamps**, not far from Paliseul where Paul Verlaine passed his holidays with his aunts, reflects in its slate roofed houses grouped around the church the same honest, sturdy and unpretentious character as its inhabitants.

Das Ardenner Dorf **Dochamps** liegt nicht weit von Paliseul, wo der Dichter P. Verlaine die Ferien bei seinen Tanten zu verbringen pflegte. Die Häuser mit ihren Schieferdächern sind dicht an dicht um die Kirche herum gebaut. Der schlichte, fast herbe, alles Großtuerische vermeidende Baustil spiegelt den Charakter der Bewohner.

Diep weggedoken in een bocht van de Ourthe, uitziend op schitterende rotsformaties, ligt het stadje **Durbuy** in het hart van een streek die erop kan bogen sinds mensenheugenis bewoond te zijn.

Nestled in a curve of the river Ourthe, facing an impressive rock formation with parallel folding, the small town of **Durbuy** prides itself on being the centre of a region that has been inhabited since the earliest times.

Nichée dans une courbe de l'Ourthe, face à de splendides rochers aux plissements parallèles, la petite ville de **Durbuy** peut se vanter d'être au cœur d'une région habitée depuis les temps les plus reculés.

In einer Kurve der Ourthe gegenüber prächtigen Felsen mit gebogenen Falten eingenistet, kann sich das Städtchen **Durbuy** rühmen, im Herzen einer seit den ältesten Zeiten bewohnten Gegend zu liegen.

△

In de Romaanse kerk van **Saint-Séverin-en-Condroz** (12de eeuw) is een voorbeeld van het harmonieus samengaan van Rijnlandse en Bourgondische invloeden. De drie kleine absissen geven het kloeke bouwwerk in de stijl van Cluny een vriendelijker aanzicht.

En l'église romane de **Saint-Séverin-en-Condroz** (XIIᵉ siècle) se mêlent sans jamais se contredire les influences rhénanes et bourguignonnes. Les trois absidioles qui prolongent la travée du chœur et les bas-côtés apportent un élément de charme au robuste édifice clunisien.

The Romanesque church of **Saint-Séverin-en-Condroz** (12th century) is a happy combination of Rhenish and Burgundian influences. The three apsidioles which prolong the bay of the choir and the aisles, add grace to the robust Cluniac edifice.

In der romanischen Kirche in **Saint-Séverin-en-Condroz** (12. Jahrh.) mischen sich widerspruchslos die rheinischen und burgundischen Einflüsse. Die drei Chornischen, die das Chorjoch und die Seitenschiffe verlängern, geben dem kräftigen clunizianischen Bau einen gewinnenden Reiz.

▷

Het kasteelcomplex van **Jehay** kan bogen op fundamenten uit verre tijden : haast cyclopische Keltische muren, overblijfsels van een Romeins *castrum*. vervolgens gedeelten van een Karolingische toren en dito zuilen met gotische gewelven erboven. De buitenmuren van het hoofdgebouw lijken precies een dambord van lichte, grote kalkstenen en donkére, zandhoudende breukstenen.

Sous le château de **Jehay** abondent les vestiges des temps les plus reculés : murs celtes d'allures cyclopéennes, éléments d'un *castrum* romain, tour carolingienne et colonnes de la même époque sur lesquelles prennent appui des voûtes gothiques. La demeure seigneuriale édifiée sur ces bases a conservé sa façade extérieure à appareil en damier irrégulier, où les gros blocs de calcaire se mêlent aux moellons de grès.

Numerous vestiges of former times can be seen under the foundations of **Jehay** castle : colossal Celtic walls, remains of a Roman *castrum*, a Carolingian tower and columns of the same period that now support the Gothic vaulting. The noble residence built on these foundations has retained its irregular checkerboard cladding made of limestone blocks and sandstone ashlar.

Im Grundmauerwerk der Burg von **Jehay** wurden Spuren längst verflossener Zeiten entdeckt: Reste keltischer, fast zyklopischer Mauern, Mauerreste eines römischen *castrum*, Brocken eines karolingischen Turmes und gleichaltrige Säulen, die später gotische Gewölbe getragen hatten. Die Verwendung von fast weißen Kalksteinblöcken und dunklen Sand- und Bruchsteinen verleiht den Außenmauern der Burg ihr schachbrettartiges Aussehen.

Door de eeuwen heen is de rotspunt boven **Hoei** door vestingen bekroond. De laatstgebouwde (1817) heeft de evenwichtige verhoudingen van de collegiale kerk uit de 14de eeuw geenszins kunnen verstoren.

On the rocky spur dominating the Meuse at **Huy**, one fortress has succeeded another. The most recent (1817) does not detract from the harmonious proportion of the 14th century collegiate church.

Sur l'éperon rocheux qui domine la Meuse à **Huy**, les forteresses ont succédé aux forteresses. La dernière en date (1817) ne réussit pas à écraser l'harmonie des proportions de la collégiale du XIVᵉ siècle.

Auf dem felsigen Gebirgvorsprung, der die Maas in **Huy** überragt, folgten Festungen auf Festungen. Die jüngste (1817) konnte das harmonische Ebenmaß der Kollegialkirche aus dem 14. Jahrhundert nicht er-

▽

De kerk van **Hastière-par-Delà** werd opgericht in het begin der 11de eeuw en in 1260 vergroot door abt Allard de Hierges (die het koor bouwde). Ze behoorde tot een priorij die afhing van de naburige abdij van Waulsort. Ze vertoont veel gelijkenis met de kerk van Celles; ze dateert trouwens uit dezelfde tijd. Beide rusten op een crypte, beide hebben dezelfde lichtjes uitspringende en traptorentjes die de centrale vierkante toren flankeren.

Built at the beginning of the 11th century and enlarged in 1260 by Abbot Allard de Hierges (who added the choir), the church of **Hastière-par-Delà** was part of a priory belonging to the nearby abbey of Waulsort. Very similar to the church of Celles and erected in the same period, it is also built over a crypt, has the same low arches and stairturrets on each side of the massive square tower.

Bâtie au début du XIᵉ siècle et agrandie en 1260 par l'abbé Allard de Hierges (qui ajouta le chœur), l'église d'**Hastière-par-Delà** faisait partie d'un prieuré qui dépendait de la proche abbaye de Waulsort. Très semblable et d'ailleurs contemporaine de l'église de Celles, elle repose comme elle sur une crypte, a les mêmes arcades à faibles saillies et des tourelles d'escaliers qui flanquent la tour carrée et massive.

Die Kirche von **Hastière-par-Delà** wurde zu Beginn des 11. Jahrhunderts erbaut und 1260 durch Abt Allard de Hierges (der das Chor hinzufügte) erweitert; sie gehörte zu einer Propstei, die von der in der Nähe gelegenen Abtei Waulsort abhing. Der gleichaltrigen Kirche von Celles sehr ähnlich, ruht sie wie diese auf einer Krypta, besitzt die gleichen Arkaden mit geringen Vorsprüngen und Treppentürmchen zu beiden Seiten des massiven viereckigen Turmes.

▷

Het hoofdgebouw, de toren en de torentjes van het kasteel **Walzin** (13de eeuw) zijn in 1932 gerestaureerd, maar lijken de natuurlijke voortzetting van de rotsachtige, steile boorden van de Lesse.

The main wing, towers and turrets of the castle of **Walzin** (13th century), which was restored in 1932, seem to be a naturel extension of the sheer rockface rising from the river Lesse.

Le corps de logis, les tours et les tourelles du château de **Walzin** (XIIIᵉ siècle), restauré en 1932, semblent le prolongement naturel de la muraille rocheuse qui se dresse, à pic, le long de la Lesse.

Der Hauptbau, die Türme und Türmchen des Schlosses **Walzin** (13. Jh.), das 1932 restauriert wurde, scheinen die natürliche Verlängerung der Felswand zu sein, die sich senkrecht längs der Lesse erhebt.

◁◁

Met zijn 4 km lange straat waaraan de collegiale kerk in gotische stijl is gelegen en beschermd door zijn vesting, was **Dinant** eens de schrik van de naburige steden. Nu is het nog slechts een uitdaging voor de bezoekers die hun tanden moeten wagen aan de befaamde honingkoeken van uiteenlopende vorm.

Dinant consists chiefly of a long street, almost three miles long, enhanced by the Gothic collegiate church and dominated by the fortress. Dinant has forgotten the times when it awed its neighbours, being content nowadays to challenge the visitors' teeth with its honey cakes which are baked in a host of different shapes.

Longue rue de quatre kilomètres, jalonnée par la collégiale gothique et dominée par la forteresse, **Dinant** a oublié le temps où elle faisait trembler ses voisins. Elle se contente de défier les mâchoires de ses visiteurs en leur offrant ses fameuses *couques au miel*, de formes variées.

Dinant besteht aus einer vier Kilometer langen Straße, an der eine gotische Stiftskirche steht, die von einer Festung überragt wird. Jetzt hat es die Zeit vergessen, wo seine Nachbarn vor ihm zitterten. Heute begnügt sich Dinant damit, die Kinnbacken seiner Besucher auf die Probe zu stellen, indem es ihnen seine bekannten *couques mit Honig* in verschiedener Form anbietet.

△

Terwijl de symmetrische trap op de voorgrond de waterspuiende Neptunus als het ware omkadert, gaat de met hagebeuken en lindebomen beplante glooiing zachtjes de hoogte in en leidt tot voor het paviljoen *Frederic Saal* in Lodewijk-XVI-stijl. Het werd in 1774-75 ter gelegenheid van het bezoek gebouwd dat aartshertogin Maria-Christina, de toenmalige landvoogdes der Nederlanden, aan het kasteel van **Freyr** bracht. Het paviljoen doet denken aan het jachthuis van Nymphenburg.

A double ramped staircase framing a fountain with a spouting Neptune stands before a slope planted with hornbeam and lime trees which ascends to the *Frederic Saal* pavilion in Louis XVI style. Built in 1774-75 in anticipation of a visit to **Freyr** by the Archduchess Marie-Christine, governor of the Low Countries, this building has a certain resemblance to the hunting lodge at Nymphenburg.

Précédé de deux volées d'escalier qui encadrent la fontaine du Neptune cracheur, un coteau couvert de charmes et de tilleuls monte vers le pavillon *Frederic Saal* en style Louis XVI. Construit en 1774-1775, en prévision de la visite au château de **Freyr** de l'archiduchesse Marie-Christine, gouvernante des Pays-Bas, ce bâtiment n'est pas sans parenté avec le pavillon de chasse du Nymphenburg.

Im Vordergrund umschließt die Treppe mit Zwillingslauf einen wasserspeienden Neptun. Dahinter steigt das mit Weißbuchen und Lindenbäumen bestandene Gelände sanft an und führt zum Pavillon *Frederic Saal* im Stile Louis-seize, das an das Jagdschloß in Nymphenburg erinnert. Der Pavillon wurde 1774-75 anläßlich des Besuchs errichtet, den die Erzherzogin und Statthalterin der Niederlande Maria-Christina in **Freyr** abstattete.

Tijdens haar luidruchtige afdaling van Falmignoul groef de Colebi eertijds een indrukwekkende reeks uithollingen in de rotsmassa op de rechteroever van de Maas. Deze woeste engten zijn een trekpleister voor de bergklimmers die de **muur van Freyr** opklauteren. Aan de voet van de zachte helling op de andere oever ligt het kasteel, omgeven door in 1760 in Le Nôtre-stijl getekende tuinen. De vleugel langs de rivier dagtekent van 1571.

In their tumultuous descent from Falmignoul, the waters of the Colébi have carved out an impressive series of pot-holes in the giant rocks overlooking the West bank of the Meuse. These wild gorges have become one of the favourite haunts of rockclimbers. On the opposite riverbank, where the slope is not so steep, **Freyr** Castle stands in the midst of lovely gardens of geometric design, laid out in the style of Le Nôtre. The wing closes to the river dates from 1571.

Descendant tumultueusement de Falmignoul, les eaux du Colébi creusèrent jadis une impressionnante série de marmites dans les masses rocheuses qui surplombent la rive droite de la Meuse. Ces gorges sauvages enchantent les alpinistes qui escaladent les **rochers de Freyr**. Au pied de la pente plus douce de l'autre rive, le château se laisse escorter par des jardins géométriques dessinés en 1760, dans le style de Le Nôtre. L'aile qui longe le fleuve date de 1571.

Einstmals gruben die von Falmignoul herabstürzenden Wasser des Colébi eine eindrucksvolle Reihe von Kesseln in den Felsenmassen, die das rechte Ufer der Maas überragen. Diese wilden Schluchten begeistern die Bergsteiger, die auf die **Freyrfelsen** klettern. Am Fuße des sanfteren Abhangs auf dem gegenüberliegenden Ufer liegt das Schloß mit seinen 1760 im Le Nôtre-Stil gezeichneten geometrischen Gärten. Der Schloßflügel längs des Stromes stammt aus dem Jahre 1571.

◁ △

Charles-Alexis de Montpellier, heer van **Annevoie**, trachtte het ideaal van Versailles en de Franse tuinarchitectuur na te streven. In de 18de eeuw bouwde hij een woning in klassieke stijl naast een oude, als privilege toegekende toren uit de 15de eeuw. Meer nog dan het kasteel dragen de tuinen vol bloemperken, de keurig gesnoeide heggen en lieflijke boomgroepen bij tot de roem van Annevoie.

Charles-Alexis de Montpellier, seigneur d'**Annevoie**, avait la nostalgie de Versailles et la passion des jardins à la française. Au XVIIIe siècle il construit une demeure de style classique à côté d'une vieille tour privilégiaire du XVe siècle. Davantage encore que le château, les jardins fleuris, les charmilles bien taillées et les frondaisons romantiques font la renommée d'Annevoie.

Charles-Alexis de Montpellier, the lord of **Annevoie**, had a passion for Versailles and for formal French gardens. In the 18th century he built a classical mansion next to an old 15th century tower. But Annevoie is known particularly for its flower-gardens, well-trimmed arbours, and romantic greenery.

Charles-Alexis de Montpellier, Herr auf **Annevoie**, schwärmte für Versailles und Gärten im französischen Stil. Im 18. Jh. baute er neben einem alten Turm aus dem 15. Jh. einen Wohnsitz im klassischen Stil. Mehr noch als dem Schloß verdankt Annevoie seinen blumenreichen Gärten, beschnittenen Laubengängen und romantischen Gartenanlagen seinen Ruf.

▷

De vestingtoren van **Crupet** dateert waarschijnlijk uit de 14de eeuw. In de 16de eeuw werd er een verdieping met vakwerk aan toegevoegd. De toren weerspiegelt zich in het water van de Crupet, een zijarm van de Bocq.

Au donjon de **Crupet**, qui semble dater du XIVe siècle, le XVIe apporta un gracieux couronnement en colombage. Il dresse sa silhouette carrée sur le miroir d'eau formé par le Crupet, affluent du Bocq.

The keep of **Crupet** is believed to date from the 14th century but was topped in the 16th century with a graceful timbered upper storey. Its squat outline is reflected in the waters of the Crupet, a tributary of the river Bocq.

Dem Wartturm von **Crupet**, der aus dem 14. Jh. zu stammen scheint, brachte das 16. Jh. eine anmutige Fachwerkkrönung. Er erhebt über dem Wasserspiegel des Crupet, eines Nebenflusses des Bocq, seine eckige Gestalt.

Namen ligt aan de samenloop van Maas en Samber. Hier grenzen tevens drie streken aan elkaar: Haspengouw, Condroz en het «Pays noir», de mijn- en industriestreek langs de Samber met haar talrijke toevoerwegen. Vroeger diende de stad als aanlegplaats voor ponten en koggeschepen op weg naar Luik of Maastricht. Ze ontwikkelde zich rond de Champeau, een tussen de twee rivieren vooruitspringend rotsgevaarte. De citadel, achtereenvolgens een neolithische, Keltische, Romeinse, middeleeuwse en moderne vesting, werd herhaaldelijk belegerd, o.a. in 1696 door Lodewijk XIV. In 1817 werd ze door de Hollanders heropgebouwd.

Point de confluence de la Meuse et de la Sambre, confinant à la Hesbaye, au Condroz et au Pays noir d'où descendent de nombreuses routes, **Namur** avait jadis pour mission de ravitailler les coches d'eau et les bacs naviguant vers Liège et Maastricht. La cité naquit à partir du Champeau, vaste promontoire qui darde son éperon entre le fleuve et la rivière. Successivement forteresse néolithique, celtique, romaine, médiévale, moderne, sa citadelle connut des sièges célèbres — dont celui de Louis XIV en 1696 — avant d'être reconstruite par les Hollandais en 1817.

Namur, at the confluence of the Meuse and the Sambre, is a cross-roads and borders the Hesbaye, the Condroz and the Black Country. The city, founded on the Champeau, a spur of land thrusting between the two rivers, formerly supplied the horse-drawn barges and the ferries going to Liège and Maastricht. Its citadel, successively a neolithic, Celtic, Roman, mediaeval and now a modern fortress, has undergone many notable sieges, particularly that of Louis XIV in 1696. It was rebuilt by the Dutch in 1817.

Namur liegt am Zusammenfluß der Maas und der Sambre. Hier grenzen ebenfalls drei Gebiete aneinander : Haspengau, Condroz und das « Pays noir », das Industriegebied die Sambre entlang, mit zahlreichen, zu den früheren Kohlenzechen führenden Straßen. Fähren und Koggen, die nach Lüttich oder Maastricht unterwegs waren, legten früher in Namur an. Die Stadt entwickelte sich um Champeau herum. Dies ist der ausgedehnte Felskegel, der sich wie ein Keil zwischen die zwei Flüsse schiebt. Oben auf diesem Kegel erhebt sich die Zitadelle. Schon im Neolithikum, dann zur Zeit der Kelten und der Römer, im Mittelalter und in der Neuzeit gab es hier eine Festung, die oft, z. B. 1696 von Ludwig XIV., belagert wurde. 1817 wurde sie von den Holländern wieder aufgebaut.

De classicistische kerken in België zijn haast op de vingers van een hand te tellen. De **St.-Aubain kathedraal te Namen** is een der mooiste, al verneemt men er nog een naklank van barokke onstuimigheid. Ze werd tussen 1751 en 1763 volgens plannen van de Italiaan Gaetano Pizzoni gebouwd. De koepel boven de viering van deze kruiskerk en de kloeke pilaren, die het ritme van de binnenruimte bepalen, wekken een indruk van verhevenheid en plechtstatigheid.

Les églises de style classique n'abondent pas en Belgique. L'une des plus belles, tout en gardant un mouvement baroque, est incontestablement la **cathédrale Saint-Aubain de Namur**, édifiée de 1751 à 1763, selon les plans de l'architecte italien Gaetano Pizzoni. L'emplacement du dôme, à la croisée du transept, et la puissance des colonnes qui rythment les travées assurent une grande noblesse à l'édifice.

There are not many churches in the classical style in Belgium and one of the most handsome, though with minor baroque elements, is undoubtedly the **cathedral of Namur**. Saint Aubain was built between 1751 and 1763 following the plans of an Italian architect, Gaetano Pizzoni. The dome placed on the transept crossing and the powerful columns delineating the bays give a great nobility to the building.

In Belgien gibt es nur sehr wenige Kirchen in klassizistischem Stil. Die **Kathedrale St.-Aubain in Namur**, in der der barocke Schwung noch sozusagen nachschwingt, ist eine der schönsten. Sie wurde von 1751 bis 1763 nach Plänen des Italieners Gaetano Pizzoni errichtet. Die Kuppel über der Vierung und die wuchtigen, in rhythmischer Hinsicht wirkungsvollen Pfeiler strahlen erhabene Größe aus.

Het in 1752 door Frans-Filips Freneau, graaf van Gomegnies, gebouwde kasteel van **Attre** bestaat uit een
hoofdgebouw in sobere Franse stijl tussen twee Lodewijk-
XVI-paviljoens. De vroeger geplaveide binnenplaats,
waarop de paarden toen ter gelegenheid van grote recepties stonden te trappelen, is nu door een uitgestrekt bloem-
perk vervangen.

Built in 1752 by François-Philippe Freneau, Count de Gomegnies, **Attre** château presents a restrained French style
façade flanked by two Louis XVI pavilions. A large lawn
has replaced the old paved courtyard where carriage hor-
ses once stamped and snorted.

Erigé en 1752 par François-Philippe Freneau, comte de
Gomegnies, le château d'**Attre** offre une façade sobre, de
goût français, entre deux pavillons de style Louis XVI. Une
large pelouse a remplacé l'ancienne cour pavée où, les
jours de grande réception, piaffaient les chevaux des car-
rosses.

Das 1752 in französischem Stil von F.-Ph. Freneau, Graf
von Gomegnies, gebaute Schloß von **Attre** besteht aus
einem fast schmucklosen Hauptgebäude nach französischem Muster zwischen vorgezogenen Pavillons im Stile
Louis-seize. Der früher gepflasterte Hof, auf dem die Ge-
spanne bei festlichen Empfängen anzufahren pflegten,
wurde in eine große Rasenfläche umgewandelt.

De binnenverzorging van **Attre** kwam pas klaar ten tijde van Frans-Ferdinand, zoon van Frans-Filips en kamerheer van keizer Jozef II. Op de muren prijken trofeeën met verheven beeldwerk en aan H. Robert toegeschreven schilderijen. De meubels zijn 18de-eeuws net zoals het uit Rance komende marmer van de schouw in Lodewijk-XV-stijl.

The interior decoration of **Attre** was completed by the builder's son, François-Ferdinand, chamberlain to Emperor Joseph II. Trophies in relief alternate with paintings attributed to Hubert Robert in the main drawing room. The furniture is of the period as is the Louis XV mantelpiece in Rance marble.

La décoration intérieure d'**Attre** fut achevée par le fils du constructeur, François-Ferdinand qui fut chambellan de l'empereur Joseph II. Sur les murs du salon de réception, les trophées en relief alternent avec les peintures attribuées à Hubert Robert. Le mobilier est d'époque, tout comme la cheminée Louis XV en marbre de Rance.

Franz-Ferdinand, dem Sohn des Bauherrn und Kammerherrn Kaiser Josephs II., verdankt **Attre** die Vollendung seiner Innenausstattung. Trophäen mit erhabener Arbeit sowie H. Robert zugeschriebene Gemälde schmücken die Empfangsräume. Die Möbel und der mit Marmor aus Rance ausgelegte Kamin im Stile Louis-XV sind ebenfalls aus dem 18. Jh.

Matthijs de Laeyens, die in **Bergen** een werkzaam aandeel aan de stand van zaken op het vlak van de bouwkunst heeft gehad, maakte het ontwerp van het op elegante wijze versierde stadhuis in flamboyante gotiek (1458). In de 18de eeuw werd de kapconstructie verbouwd en van een dakruiter voorzien. De ooit voor plechtige afkondigingen gebruikte erker werd in 1777 door een bescheiden balkon van smeedijzer vervangen.

Mathieu de Layens, very active in **Mons**, designed the elegant decor of the Town Hall in a flamboyant Gothic style (1458). In the 18th century a bell tower was added to the restyled roof. And the old bartizan where proclamations were made has been replaced in 1777 by a simple wrought iron balcony.

Mathieu de Layens, très actif à **Mons**, a composé l'élégant décor de l'hôtel de ville en gothique flamboyant (1458). Au XVIIIe siècle, les combles réaménagés ont été surmontés d'un clocheton. Quant à l'ancienne bretèche aux proclamations, elle a été remplacée, en 1777, par un modeste balcon en fer forgé.

Der damals in **Mons** sehr eifrig tätige Mathieu de Layens hat 1458 die elegante Ausstattung des Rathauses im Flamboyantstil entworfen und verwirklicht. Im 18. Jh. wurde dem umgebauten Dachstuhl ein Türmchen hinzugefügt. Der Erker, von dem aus die öffentlichen Proklamationen erfolgten, wurde 1777 durch einen bescheidenen Balkon mit Eisengitter ersetzt.

Waar komt de bronzen **aap van de « Grand-Garde »** (Grote Bewaker) genoemde toren vandaan? Hij zou vroeger op de schandpaal voor misdadige kinderen (15de eeuw) hebben gestaan, maar er is geen overtuigend bewijs. Zijn gladde kop wijst er daarentegen op dat hij steeds weer gestreeld wordt, hetgeen, beweert de legende, voor de vrijgezellen een huwelijk in de loop van het jaar tot gevolg zou hebben.

D'où provient le **singe du Grand-Garde**? On affirme qu'il figurait sur un ancien pilori pour enfants délinquants (XVe siècle). Mais rien ne le prouve. En revanche, son crâne poli confirme qu'on le caresse régulièrement. Pour le célibataire, ce serait l'assurance d'un mariage dans l'année.

Where does the bronze **Grand-Garde monkey** come from? Some say it used to be on an old pillory for delinquant children (15th century), but there is no evidence to prove this. However, its shiny head proves that it is stroked regularly. Doing this is supposed to be a guarantee for the single person that he or she will be married within the year.

Woher wohl der **Affe** aus Erz stammt, der die Grand-Garde (Große Wache) ziert? Man behauptet, er habe sich schon auf dem Schandpfahl für jugendliche Missetäter (15. Jh.) befunden, doch das ist nicht erwiesen. Dagegen beweist die Glätte seines Kopfes, daß man nicht vergißt, ihn zu streicheln. Den Jungesellen soll dies eine Heirat während des darauf folgenden Jahres verbürgen.

△ Het **belfort** uit de 17de eeuw met zijn klokketoren met bolvormige spits ziet uit over de heuvel waarop Bergen gebouwd is.

Le **beffroi** du XVIIe siècle et son clocher bulbeux prolongent la colline sur laquelle est bâtie la ville de Mons.

The 17th century **belfry** and its bulbous bell-tower seem to extend the hill on which Mons is built.

Der **Bergfried** aus dem 17. Jahrhundert und sein zwiebelförmiger Glockenturm erheben sich auf dem Hügel, auf dem die Stadt Mons gebaut ist.

Aan het einde van een meer dan 200 jaar oude beukenlaan ligt het kasteel **Belœil**, met zijn oorspronkelijke plattegrond van een onregelmatige vierhoek. De vleugels en ingangsdeuren zijn nog zoals in de 18de eeuw. Binnen herleeft de pracht en praal van de prinsen de Ligne. Er zijn vele voorwerpen van onschatbare waarde te bezichtigen. In de tuinen, waar de fantasie dikwijls de overhand heeft op de klassieke orde, zou men haast verwachten plots veldmaarschalk Charles-Joseph de Ligne tegen te komen, de geestigste aller diplomaten uit het lichtzinnigste tijdperk der geschiedenis. Hij, wiens conversatie op een vuurwerk leek, zou van het schouwspel hebben genoten, had hij die jaarlijkse, veel-kleurige verlichting aan de hemel boven Belœil kunnen aanschouwen.

(Volgende dubbele bladzijde.)
De vlak naast de vestibule van het kasteel van Belœil gelegen ontvangzaal der maarschalken heeft het voorkomen van een museumzaal. Aan weerskanten van de wandtapijten uit Beauvais prijkt het blazoen van Claude-Lamoral II op de lambrizering.

Au bout d'une longue allée de hêtres deux fois séculaires, le château princier de **Belœil** a gardé sa forme primitive de quadrilatère irrégulier. Les ailes et les portillons d'entrée sont restés intacts, tels que les a laissés le XVIIIᵉ siècle. L'intérieur raconte les fastes des princes de Ligne et abrite des collections inestimables. Et dans les jardins où la fantaisie l'emporte souvent sur l'ordonnance classique, on ne s'étonnerait pas de rencontrer le feld-maréchal Charles-Joseph de Ligne, le diplomate le plus spirituel du siècle le plus léger. Il aurait aimé les couleurs fulgurantes lancées, une fois l'an, dans le ciel de Belœil, lui dont la conversation s'apparentait à un feu d'artifice.

(Double page suivante.)
Ouvert sur le vestibule du château de Belœil, le salon des Maréchaux s'apparente à une salle de musée. Des boiseries aux armes de Claude-Lamoral II de Ligne encadrent des tapisseries de Beauvais.

Standing at the end of a long avenue of bicentenarian beeches, the princely castle of **Belœil** has retained its original lay-out in the shape of an irregular square. The wings and entry-gates have remained intact since the 18th century. The castle contains mememtoes of the de Ligne Princes as well as invaluable works of art. In the grounds, imagination often triumphs over classical design, a fitting setting for Field-Marshal Charles-Joseph de Ligne, the wittiest diplomat of the most lighthearted century. He, whose conversation sparkled like fireworks, would have appreciated the scintillating colours launched skyward over Belœil once a year.

(Next two pages.)
The Marshals' Salon, opening off the vestibule of Belœil castle, is like a museum. Panelling bearing the arms of Claude-Lamoral II de Ligne frames Beauvais tapestries.

Am Ende einer langen, zweihundertjährigen Buchenallee hat das Fürstenschloß **Belœil** seine ursprüngliche, unregelmäßige Viereckform behalten. Flügel und Eingangspförtchen sind unangetastet geblieben, wie das 18. Jahrhundert sie hinterlassen hatte. Das Innere erzählt die Ruhmestaten der Fürsten von Ligne und beherbergt unschätzbare Sammlungen. In den Gärten, in denen die Phantasie die klassische Anordnung oft übertrifft, würde man sich nicht wundern, den Feldmarschall Karl-Joseph von Ligne, den geistreichsten Diplomaten des leichtfertigsten Jahrhunderts, zu treffen. Er, dessen Konversation einem Feuerwerk glich, würde sich gewiß gefreut haben, hätte er den alljährlich am Himmel über Belœil erstrahlenden vielfarbigen Lichterglanz bestaunen können.

(Nächste Doppelseite.)
Der Empfangssaal der Marschälle im Schloß von Belœil liegt gleich neben der Vorhalle und sieht aus wie ein Museum. Die mit dem Wappen Claude-Lamorals II. geschmückte Holzverkleidung umrahmt die Wandteppiche aus Beauvais.

Met Tongeren is **Doornik** de oudste stad van België. De aanleg van een Romeinse heirbaan tussen Rijn en Noordzee rond 275 bracht met zich mee dat Doornik een knooppunt in een ingewikkeld verkeersnet werd. Toen omstreeks 431 de Saliërs de streek veroverden, vestigde Chlodio zich in de Scheldestad. Zo werd de stad de bakermat van een der Franse vorstenhuizen.

Tussen 1110 en 1141 begon de bouw van de O.-L.-Vrouwekathedraal, een van de hoogtepunten van de romaanse bouwkunst. Wat vooral opvalt is de bundel gevormd door de vijf massale torens die viering en dwarsbeuk bekronen.

In de buurt staat, bijna uitdagend, het oudste belfort van België. Het werd op het einde van de 12de eeuw opgetrokken maar herhaaldelijk herbouwd.

Tournai partage avec Tongres le titre de plus ancienne ville de Belgique. Vers 275, la construction de la chaussée romaine unissant le Rhin à la mer du Nord lui permit de contrôler une véritable patte d'oie de routes. Lorsque, vers 431, les Francs saliens déferlèrent sur la région, Clodion s'installa dans la cité scaldéenne. Ce fut l'origine d'une des trois dynasties de France.

Entre 1110 et 1141 commença la construction de la cathédrale. Sommet de l'architecture romane, Notre-Dame frappe d'abord par le puissant faisceau des cinq tours, qui couronne la croisée du transept.

Quand au plus ancien beffroi belge, érigé à la fin du XIIe siècle mais souvent remanié, il semble défier la cathédrale.

Tournai shares with Tongres the title of the oldest city of Belgium. Construction of the Roman road linking the Rhine to the North Sea in 275 gave it control of a web of routes. When the Salian Franks invaded the region in 431, Chlodion set up his court in the Scaldian city, founding one of the three dynasties of France.

Construction of the cathedral began between 1110 and 1141. Notre-Dame, one of the jewels of Romanesque architecture, impresses the viewer first of all by the powerful grouping of its five towers, crowning the transept crossing.

Built at the end of the 12th century, but often remodelled, the oldest belfry in Belgium seems to challenge the cathedral.

Tournai ist mit Tongeren die älteste Stadt Belgiens. Der Bau einer römische Heerstraße zwischen Rhein und Nordsee um 275 herum machte Tournai zu einem wichtigen Verkehrsknotenpunkt. Als die salischen Franken um 431 das Gebiet überrannten, erwählte Chlodio die Stadt zum Regierungssitz. So wurde sie die Wiege eines der französischen Herrschergeschlechter.

Zwischen 1110 und 1141 begann der Bau der Liebfrauenkirche, eines der Juwelen der romanischen Baukunst. Die fünf wuchtigen Vierecktürme, welche die Vierung von Lang- und Querhaus krönen bew. umschließen, sind äußerst eindrucksvoll.

Der im 12. Jh. entstandene, oft umgebaute älteste Bergfried Belgiens steht fast herausfordernd der Kathedrale gegenüber.

△

De **O.-L.-Vrouwekathedraal van Doornik**, het mooiste kerkgebouw van België, bevat zoveel schoons dat men wel eens geneigd zou kunnen zijn de glas-in-loodramen, die o.a. het halfronde uiteinde van het dwarsschip tooien, maar weinig aandacht te gunnen. Ze werden op meesterlijke wijze gerestaureerd door de meesterglazenier Capronnier.

Notre-Dame of Tournai, the finest religious edifice in the country, houses so many works of art that we tend to pass unheeding beneath the stained glass windows which adorn, notably, the hemicycle of the transept. These were perfectly restored by the master glass craftsman Capronnier.

Notre-Dame de Tournai, le plus bel édifice religieux du pays, abrite tellement d'œuvres d'art qu'on a tendance à passer distraitement sous les vitraux qui ornent notamment l'hémicycle du transept. Ils ont été parfaitement restaurés par le maître verrier Capronnier.

Die **Liebfrauenkirche von Tournai** ist das schönste kirchliche Gebäude des Landes. Sie ist so reich an Kunstschätzen, daß man geneigt ist, zerstreut an den Kirchenfenstern im Halbrund des Querschiffes vorbeizugehen. Der Glasmalermeister Capronnier hat sie auf vollkommene Art restauriert.

▷

Het perspectief van de 134 m lange hoofdbeuk van de kathedraal van Doornik wordt, ter hoogte van de kruisbeuk, onderbroken door een oksaal van de Antwerpse beeldhouwer Cornelis Floris (1573).

In the Cathedral of Tournai, the view of the middle nave, which is 134 metres long, is interrupted at the transept by the ambo of the Antwerp sculptor Corneille Floris who completed it in 1573.

La perspective de la nef centrale, longue de cent trente-quatre mètres, de la cathédrale de Tournai est coupée, au niveau du transept, par l'ambon du sculpteur anversois Corneille Floris qui le termina en 1573.

Die Perspektive des 134 Meter langen Mittelschiffs der Tournaier Kathedrale ist auf der Höhe des Querschiffs durch den Lettner des Antwerpener Bildhauers Corneille Floris geteilt, der ihn 1573 fertigstellte.

▽

Het eerste kasteel van **Rumbeke** werd in de 9de eeuw door Boudewijn met de IJzeren Arm gebouwd. De bouw van het huidige, beveiligd door zeven achthoekige torens, werd beëindigd in het midden van de 16de eeuw.

The first castle at **Rumbeke** was built by Baudouin Bras de Fer in the 9th century. The present manor, which has seven octagonal towers, was completed in the middle of the 16th century.

Le premier château de **Rumbeke** fut construit par Baudouin Bras de Fer au IXe siècle. L'actuel manoir, défendu par sept tours octogonales, fut achevé au milieu du XVIe siècle.

Das erste Schloß **Rumbeke** wurde im 9. Jh. von Balduin mit dem eisernen Arm gebaut. Der von sieben achteckigen Türmen geschützte Landsitz wurde im 16. Jh. fertiggestellt.

▷

Kortrijk heeft zijn roem aan de lakennijverheid te danken. Het Sint-Elizabeth-begijnhof, een van de meest aantrekkelijke hofjes in Vlaanderen, doet ons denken aan de dichter Guido Gezelle, die van 1871 tot 1899 kapelaan was van de Onze-Lieve-Vrouwekerk.

Courtrai owes its fame to the cloth industry. Its beguinage of Saint Elisabeth, one of the most attractive in Flanders, recalls memories of the poet Guido Gezelle, who was a vicar here, at the church of Our Lady, from 1871 to 1899.

Courtrai devait sa renommée à l'industrie drapière. Son béguinage Sainte-Elisabeth, l'un des plus séduisants de Flandre, rappelle le souvenir du poète Guido Gezelle qui, de 1871 à 1899, fut vicaire à l'église Notre-Dame.

Kortrijk verdankte seinen Ruf der Tuchweberei. Sein Beginenhof der heiligen Elisabeth, einer der reizvollsten Flanderns, weckt die Erinnerung an den Dichter Guido Gezelle, der 1871-1899 Vikar der Liebfrauenkirche war.

De structuur en het overladen sierwerk van het stadhuis van **Oudenaarde** (1526-1537) zijn laat-gotisch. Het uitspringende Belfort bindt alle lijnen en vlakken van de gevel op gelukkige wijze samen. De toren is bekroond met de keizerskroon van Karel V.

By its structure and rich ornamentation, the Town Hall of **Oudenaarde** (1526-1537) belongs to the Flamboyant Gothic. The sweeping belfry has the happy effect of uniting all the lines and levels of the edifice. At the top of the spire, a openwork cupola represents the imperial crown of Charles the Fifth.

Par sa structure et son décor surabondant, l'hôtel de ville d'**Audenarde** (1526-1537) appartient au gothique flamboyant. Son beffroi en saillie unit avec bonheur toutes les lignes et tous les plans. Au sommet de la tour, une coupole ajourée représente la couronne impériale de Charles Quint.

Mit seiner Struktur und seinen überreichen Verzierungen gehört das **Oudenaarder Rathaus** (1526-1537) zum spätgotischen Stil. Der vorgezogene Bergfried vereinigt in glücklicher Weise alle Linien und alle Ebenen. Auf der Turmspitze stellt eine durchbrochene Kuppel die Kaiserkrone Karls V. dar.

Het standbeeld van Dirk Martens, vanaf 1473 de eerste boekdrukker in België, staat voor het schepenhuis en het belfort (15de eeuw) van **Aalst**, Martens' geboortestad.

Op de plaats van het Vleeshuis werd in 1630-1634 een weeshuis in Vlaamse renaissancestijl opgetrokken met vier barokke topgevels en beneden een uit elf arcaden bestaande open galerij. Daarna kreeg het de naam « Beurs van Amsterdam » en was het een herberg.

This statue of Thierry Martens, the first Belgian printer in 1473, stands in front of the Council Chambers and belfry (15th century) at **Aalst**, his native town.

After the Butchers Hall was demolished an orphanage was built on the site between 1630 and 1634. The building combines the Renaissance style of the eleven-bayed arcade with the baroque style of the four gables. It then became an inn to which it owes it present name of *Beurse van Amsterdam*.

La statue de Thierry Martens, premier imprimeur belge en 1473, a été érigée devant la maison échevinale et le beffroi (XVe siècle) d'**Alost**, sa ville natale.

A l'emplacement de la halle aux viandes s'édifia en 1630-1634 un orphelinat qui conjuguait le style Renaissance flamande de l'arcade à onze travées avec le style baroque des quatre pignons. Il devint ensuite une auberge dont il a gardé le nom *Beurs van Amsterdam*.

Die Statue Thierry Martens', des ersten belgischen Drukkers im Jahre 1473, wurde vor dem Schöffenhaus und dem Bergfried (15 Jh.) seiner Vaterstadt **Aalst** errichtet.

Die Fleischhalle wurde 1630-1634 durch ein neugebautes Waisenhaus ersetzt. Die Arkadengalerie mit elf Travéen sowie der erste Stock sind in flämischen Renaissancestil; auf den vier völlig gleichen Giebelaifsätzen breiten sich geschwungene, barocke Formen aus. Dann wurde es eine « Börse von Amsterdam » genannte Gaststätte.

◁

In Gent, langs de **Graslei**, staan het Romaanse *Koornstapelhuis* (1200), het kleine *Tolhuisje van de tolbaas* (1682), het *Korenmetershuis* (1698) en het gildehuis der *Vrije Schippers* (1531); in één aanblik aanschouwt men vijf eeuwen bouwkunst.

A Gand, au **Graslei** (quai-aux-Herbes), la maison romane de l'*Etape du blé* (1200), la menue logette du *Receveur de l'étape* (1682), la maison des *Mesureurs de grains* (1698) et celle des *Francs Bateliers* (1531) font défiler cinq siècles d'architecture civile.

In Ghent, on the **Graslei**, the Romanesque *Corn Granary* (1200), the diminutive lodge of the *Toll Collector* (1682), the *Grain Measurers house* (1698) and that of the *Free Boatmen* (1531) combine five centuries of secular architecture.

In Gent, an der **Graslei** vertreten das romanische *Weizenstapelhaus* (1200), das kleine Häuschen des *Stapeleinnehmers* (1682), das *Kornmesserhaus* (1698) und das *Schifferhaus* (1531) fünf Jahrhunderte bürgerlicher Architektur.

△

De stevige kruisingstoren van de Sint-Niklaaskerk is de eerste en oudste van de **drie torens** die het stadsgezicht van het centrum van Gent bepalen. De bouw van de twee opengewerkte verdiepingen met gepaarde openingen werd in 1220 aangevat. De rechthoekige toren van het Belfort ontstond een eeuw later. Rond 1228 werd er een aanvang gemaakt met de bouw van het koor van de Sint-Baafs maar de werken sleepten aan tot in de 17de eeuw.

La grosse « tour lanterne » de l'église Saint-Nicolas est la première des **trois tours** qui se succèdent au cœur de Gand. Elle est aussi la plus ancienne. La construction de ses deux étages ajourés de baies géminées a débuté en 1220. La tour rectangulaire du beffroi est d'un siècle plus tardive. Commencée par le chœur vers 1228, l'édification de la cathédrale Saint-Bavon se prolongea jusqu'au XVIIe siècle.

The huge lantern tower of St. Nicholas' church is the grandest and also the oldest of the **three towers** in the heart of Ghent. Construction of its two stories with gemeled bays began in 1220. The rectangular belfry tower dates from a century later. The choir of St. Bavon was begun around 1228 but construction continued until the 17th century.

Der stämmige Vierungsturm der St.-Nikolauskirche ist der älteste der **drei Türme**, die dem Zentrum Gents sein besonderes Gepräge geben. Mit dem Bau der zwei à jour gearbeiteten Stockwerke mit paarweise gegliederten Öffnungen wurde 1220 begonnen. Der rechteckige Turm des Bergfrieds wurde ein Jahrhundert später errichtet. Etwa 1228 fing man an, den Chor der St.-Baafskathedrale zu bauen, doch die Bauarbeiten währten bis ins 17. Jh. hinein.

Nadat Ferdinand de Coninck een in 1755 gebouwde Genste patriciërswoning had aangekocht, liet hij er meteen weelderige verfraaiingen aanbrengen. Naar aanleiding van zijn huwelijk met Th. Scholt in 1762 liet hij N. van Reysschoot het plafond van de eetkamer beschilderen, terwijl F. Allaert de meubels moest ontwerpen. Beider opdracht hield in dat ze de echtelijke liefde in symbolen zouden huldigen. De 1,80 m hoge luchter van lindehout die onder de op het plafond geschilderde Olympus prijkt, is een bravourestuk van rococokunst in het Gentse. Te midden van vier putti — de vier werelddelen — grijpt de koninklijke arend een op zijn beurt door een draak bedreigd arendsjong. Wat een verbijsterende verbeeldingskracht!

In het salon in Lodewijk-XVI-stijl van het **Museum voor Sierkunst** heeft Ledoux uit Brugge de muren met temperaschilderijen beschilderd. Hij ontleende daarvoor elementen aan de cyclus «De Jaargetijden» van Pillement.

When Ferdinand de Coninck bought the patrician house of 1755 in Ghent, he decided to have it luxuriously decorated. When he married in 1762 he commissioned Norbert van Reysschoot to paint the dining room ceiling and Frans Allaert to carve the furniture stipulating that both should portray symbols of conjugal love. Under the Olympia on the ceiling hangs a monumental limewood chandelier measuring more than 1 meter 80, a bravura example of Ghent rococo. Four putti represent the continents while a golden eagle seizes an eaglet, itself strugging with a dragon... imagination has really run riot. The de Coninck mansion is now the **Museum of Decorative Arts**.

The walls of the Louis XVI salon are decorated with large tempera paintings by the Bruges artist, Ledoux. He drew his inspiration from a series of *Seasons* by Pillement.

Lorsqu'il acheta la demeure patricienne gantoise de 1755, Ferdinand de Coninck s'empressa de la faire décorer avec faste. A l'occasion de son mariage avec Thérèse Scholt, en 1762, il chargea Norbert van Reysschoot de peindre le plafond de la salle à manger et Frans Allaert de sculpter le mobilier. L'un et l'autre devaient interpréter les symboles de l'amour conjugal. Sous l'Olympe du plafond, le lustre monumental en tilleul, morceau de bravoure du rococo gantois, mesure plus d'un mètre quatre-vingts de haut. Quatre putti évoquent les continents, cependant qu'un aigle royal s'empare d'un aiglon, lui-même aux prises avec un dragon. C'est étourdissant d'imagination.

Les murs du salon Louis XVI du **musée des arts décoratifs** sont décorés de grandes peintures à la détrempe, exécutées par le brugeois Ledoux. Celui-ci s'était inspiré de la série des *Saisons* de Pillement.

Nachdem F. de Coninck das 1755 errichtete Patrizierhaus erworben hatte, gab dieser Liebhaber prachtvoller Innenausstattung anläßlich seiner Hochzeit N. van Reysschoot den Auftrag, die Decke des Eßzimmers zu bemalen, während F. Allaert neue Möbel anfertigen sollte. Beide sollten die eheliche Liebe verherrlichen. Als Folge davon hängt jetzt an der den Olymp darstellenden Decke ein riesiger, 1,80 m hoher Lüster aus Lindenholz. Es ist ein Glanzstück des Rokoko im Genter Raum. Die vier Putten stellen die vier Kontinente dar, und der Königsadler umschlingt rettend einen jungen Adler, der seinerseits gegen einen Drachen ankämpft. Welch fabelhafter Einfallsreichtum!

Im **Museum für Dekorationskunst** hat Ledoux aus Brügge die Wände im Salon im Stile Louis-seize mit großen Gemälden in Wasserfarben bemalt. Dabei ließ er sich durch den Zyklus «Die Jahreszeiten» von Pillement inspirieren.

146

◁

Het Kinderen Alijns-hospitaal (16de eeuw) was ondergebracht in enkele huisjes op de Kraanlei, in het hart van het oude Gent. Nu is het het **Museum voor Volkskunde**. Het geeft een beeld van het Gentse volksleven, inzonderheid van de ambachten in de 19de eeuw.

Au cœur du vieux Gand, sur le *Kraanlei* (quai de la Grue), quelques maisonnettes formaient ensemble l'Hôtel-Dieu Alijns (XVIᵉ siècle). Elles abritent aujourd'hui le **musée du folklore**, qui évoque la vie populaire et les métiers du XIXᵉ siècle.

In the old part of Ghent, on the *Kraanlei* (Crane Quay) several small old houses were joined together in the 16th century as a hospital. A present they house a **folklore museum**, which illustrates the every-day life and crafts of the 19th century.

Im Herzen der Genter Altstadt auf dem *Kraanlei* bildeten einige Häuschen zusammen das Krankenhaus Kinderen Alijns (16. Jh.). Sie beherbergen heute das **Heimatmuseum**, das an das Leben der Handwerker des 19. Jh. erinnert.

▷

In Gent beleefden de gilden hun beste dagen vooral na 1302 en de overwinning van het volk op de patriciërs, die met de koning van Frankrijk samenspanden. Het mooi op een der hoeken van de Vrijdagmarkt gelegen pand was het gildehuis van de leerlooiers (1451). Het heeft zijn naam «**Toreken**» natuurlijk te danken aan zijn sierlijke hoektoren die van 1483 dateert.

Les métiers gantois se sont surtout développés après l'année 1302 qui vit la victoire du peuple sur les patriciens alliés au roi de France. La corporation des Tanneurs avait sa maison (1451) admirablement située à un coin du Vrijdagmarkt (Marché du Vendredi). La jolie tourelle d'angle, dressée en 1483, lui a voulu de s'appeler «**Het Toreken**».

The guilds of Ghent developed swiftly after 1302 when the commoners triumphed over the patricians allied to the King of France. The Tanners Guild had its house (1451) well situated on a corner of the Vrijdagmarkt. The pretty corner turret, built in 1483, gave it the name «**Het Toreken**».

Als das Volk 1302 seinen Sieg über die Patrizier davontrug, die mit dem König von Frankreich gemeinsame Sache machten, erreichten die Zünfte in Gent ihre höchste Blüte. An einer Ecke des Vrijdagmarkt steht das Haus der Lohgerber (1451), das dem 1483 hinzugefügten schmucken Turm seinen Namen «**Toreken**» (Türmchen) verdankt.

△

Nummer 14 van de Graslei is het **gildehuis van de Vrije Schippers**, dat in 1531 door de meester-metselaar Christoffel van den Berghe werd gebouwd. Op de overvloedig versierde voorgevel valt de glans der laatste vlammen van de flamboyante gotiek en die van het ochtendgloren van de Renaissance. Boven de poort bevindt zich een prachtig bas-reliëf waarop een kogge is uitgebeeld, een van die Baltische driemasters, die voor de van bedrijvigheid gonzende gildehuizen ten anker lagen.

At No. 14, Graslei, the **House of the Free Boatmen** was built in 1531 by the master mason Christophe van den Berghe. Its very ornate façade blends the last flickers of flamboyant Gothic with the first touches of Renaissance. The portal is topped by a beautiful bas relief representing a cog, a three-masted ship from the Baltic of the type that would tie up in front of the bustling guild houses.

A Gand, au numéro 14 du Quai-aux-Herbes, la **maison des Francs Bateliers** fut édifiée en 1531 par le maître maçon Christophe van den Berghe. Sa façade très ornée marie les dernières flammes du gothique flamboyant aux premières influences de la Renaissance. Le portail est surmonté d'un très beau bas-relief représentant un *cogge*, bateau à trois mâts de la Baltique, un de ceux qui s'amarraient devant les maisons corporatives débordantes d'activité.

Nummer 14 in der Graslei ist das **Haus der unabhängigen Schiffer**. Der Maurermeister Christoph van den Berghe baute es 1531. Auf die Fassade fallen der letzte Flammenglanz des Flamboyantstils und die ersten Strahlen der beginnenden Renaissance. Über dem Portal befindet sich ein sehr schönes Basrelief, auf dem man eine Kogge sieht, einen jener Dreimaster, die von der Ostsee kamen und vor den Gildehäusern voll bienenhafter Geschäftigkeit haltmachten.

◁◁

In tegenstelling met de toren (1462-1534) van de **Sint-Baafs-kathedraal**, die zijn spits in 1603 kwijtraakte, heeft het **Belfort** (1313-1321) zijn weliswaar vaak omgebouwde en gerestaureerde top behouden. Wel hangt « Klokke Roeland » er niet meer om de poorters ten strijde te roepen en liggen er in de geheimvolle kluizen van de benedenzaal geen keuren en handvesten meer opgeborgen maar de aan de pijl van de windwijzer vastgeklonken draak fonkelt en flikkert nog altijd boven Gent als een monster met gouden schubben.

The **belfry** (1313-21), unlike the tower of **St. Bavon's cathedral** (1462-1534) which lost its spire in 1603, still has its own. « Klokke Roeland » no longer urges citizens to rebellion from its often repaired summit, and privileges are no longer stored in the secret safes of the lower hall. However, the dragon, his belly pinned to the spire, still glitters like a gold scaled monster.

Contrairement à la tour (1462-1534) de la **cathédrale Saint-Bavon**, qui perdit en 1603 la flèche qui la surmontait, celle du **beffroi** (1313-1321) en est encore pourvue. A son sommet, souvent remanié, « Klokke Roeland » n'appelle plus les Gantois à la révolte et il n'y a plus de privilège enfermé dans les coffres secrets de la salle inférieure. Mais, le ventre rivé sur la flèche, le dragon scintille toujours comme un monstre aux écailles d'or.

Im Gegensatz zum Turm (1462-1534) der **St.-Baafskathedrale**, der 1603 seiner Spitze verlustig ging, ist die zwar oft umgebaute Turmspitze des **Bergfrieds** (1313-1321) erhalten geblieben. Dort hängt jedoch keine « Klokke Roeland » mehr, um die Bürger zum Streit zu rufen, und in den geheimnisvollen Truhen des unteren Saales werden keine Privilegien mehr aufbewahrt. Doch, den Pfeil der Wetterfahne umklammernd, glänzt und funkelt der Drache noch immer über Gent wie ein mit goldenen Schuppen bedecktes Ungeheuer.

△

Nadat Albert Servaes zich had geïnstalleerd in een houten optrekje in **Sint-Martens-Latem** aan de oever van de Leie, legde hij daar de basis van de Vlaamse expressionistische schilderkunst, later ook beoefend door Fritz van den Berghe, Gustaaf de Smet, Valerius de Saedeleer en Constant Permeke.

When he moved into a wooden hut at **Laethem-Saint-Martin** on the banks of the Lys, Albert Servaes laid the foundations of the Flemish expressionist school of painters which included Fritz van den Berghe, Gustave de Smet, Valerius de Saedeleer and Constant Permeke.

En venant vivre dans une bicoque de bois à **Laethem-Saint-Martin**, sur les rives de la Lys, Albert Servaes donna le branle à la peinture expressionniste flamande qu'illustrèrent Fritz van den Berghe, Gustave de Smet, Valerius de Saedeleer et Constant Permeke.

Indem er sich in einem Häuschen in **Sint-Martens-Latem** an den Ufern der Leie niederließ, brachte Albert Servaes die expressionistische flämische Malerei in Schwung, die durch Fritz van den Berghe, Gustave de Smet, Valerius de Saedeleer und Constant Permeke berühmt wurde.

▽

Op de voorgevel van het stadhuis van **Kaprijke** in het Meetjesland herinneren twee inscripties eraan dat het gebouw in 1663 werd opgetrokken, maar twintig jaar later in brand werd gestoken. Gelukkig slaagden de brandstichters — troepen van Lodewijk XIV — er slechts in het dak te beschadigen. Ook tijdens de restauratiewerkzaamheden in de 19de eeuw bleef de typisch landelijke barokstijl onaangetast. Opmerkelijk zijn vooral de smalle stenen lijsten, de in hoornen des overvloeds uitlopende voluten en het ronde raam boven de boogdeur.

Two inscriptions on the façade of the town hall of **Kaprijke** in the Meetjesland state that it was built in 1663 and burned twenty years later. It is fortunate that when the soldiers of Louis XIV set it on fire only the roof was damaged. A nineteenth century restoration neither changed the structure nor spoiled the refinement of this building in the rural baroque style, characterized by stone fillets, volutes ending in corncucopias and a central door surmounted by a bull's-eye window.

Deux inscriptions apposées sur la façade de la maison communale de **Kaprijke**, dans le Meetjesland, rappellent qu'elle fut construite en 1663 et incendiée vingt ans plus tard. Fort heureusement, lorsque les armées de Louis XIV y boutèrent le feu, elles ne réussirent qu'à endommager la toiture. La restauration du XIXᵉ siècle ne modifia donc ni la structure ni la distinction de cet édifice de style baroque rural, caractérisé par des listels de pierre, des volutes s'achevant en cornes d'abondance et une porte cintrée surmontée d'un œil-de-bœuf.

Auf der Fassade des Rathauses von **Kaprijke** im Meetjesland erinnern zwei Inschriften daran, daß das Gebäude 1663 errichtet und zwanzig Jahre danach in Brand gesteckt wurde. Zum Glück gelang es den Brandstiftern — Soldaten Ludwigs XIV. — nur, das Dach zu beschädigen. Der ländliche Barockstil des Gebäudes blieb wohl auch deshalb während der Restaurationsarbeiten im 19. Jh. völlig erhalten. Typisch sind die schmalen Leisten aus Stein, die in Füllhörner mündenden Spiralen und das runde Fenster über dem oben bogenförmigen Eingang.

▷▷

Vooraleer ze zich in Gent met de Schelde verenigt, maakt de Leie een bocht door de weiden en boomgaarden die zo vaak door de Latemse schilders werden afgebeeld. In **Afsnee** heeft men de zijbeuken van de Romaanse parochiekerk uit de 12de eeuw met veel stijlgevoel weder opgebouwd. De vroeg-gotische kruisingstoren dateert uit de 13de eeuw. De serene eenvoud van het bouwwerk past wonderwel in de omgeving. In de buurt worden de beroemde Gentse azalea's gekweekt.

A short distance before entering Ghent and merging with the Scheldt, the Leie flows through the pastures and gardens dear to the Flemish artists of the celebrated School of Sint-Martens-Latem. In **Afsnee**, the side aisles of a 12th century Romanesque church have been carefully rebuilt. The early Gothic tower dates from the end of the 13th century, its simplicity in perfect harmony with the serene beauty surrounding it. Azaleas, the pride of Ghent horticulture, are cultivated in the region.

Peu avant d'entrer à Gand et de se jeter dans l'Escaut, la Lys parcourt les prairies et les jardins chers aux peintres flamands de la célèbre Ecole de Laethem-Saint-Martin. A **Afsnee**, on a judicieusement reconstruit les bas-côtés de l'église romane (XIIᵉ siècle). La tour a été édifiée à la fin du XIIIᵉ siècle, dans le premier style gothique. Sa sobriété s'accorde à un cadre d'une beauté sereine. Non loin de là, on cultive les azalées qui font la réputation de la floriculture gantoise.

Bevor die Leie in Gent in die Schelde fließt, macht sie einen Bogen durch die Weiden und Gärten, die die Maler von Sint-Martens-Latem so oft inspirierten. In **Afsnee** hat man die Seitenschiffe der romanischen Kirche (12. Jh., doch mit frühgotischem Turm aus dem 13. Jh.) stilgerecht wieder aufgebaut. Die Kirche steht wunderschön im Einklang mit der vornehm-schlichten Umgebung. In der Nähe wachsen die prächtigen Azalien, die den Ruhm der Genter Blumenzüchter begründeten.

Van boven op het Belfort van Brugge geniet men een uitzicht op de **Rozenhoedkaai**. In de richting van de **Markt** kijkende, ziet men prachtige huizen (1621-1622) met mooie uithangborden waarop korven, ankers enz. zijn afgebeeld en die daaraan hun namen ontlenen.

The **Rosary Wharf** is visible from the summit of the belfry and, turning towards the **Grand-Place** one sees several interesting houses such as « The Basket » of 1622 or the House of Anchors (1621).

Du sommet du beffroi de Bruges, on aperçoit le **Quai du Rosaire**. Et si l'on se tourne vers la **grand-place**, quelques maisons intéressantes s'offrent au regard, telles « le Panier » (1622) ou « la maison aux Ancres » (1621).

Von oben auf dem Bergfried von Brügge sieht man unten den **Rozenkranzkai**. Schaut man zum **Marktplatz** hin, dann fallen einige bemerkenswerte Häuser auf mit Schildern, auf denen Körbe, Anker usw. abgebildet sind, denen sie ihre Namen verdanken (1621-1622).

De trapgeveltjes langs de **Rozenhoedkaai** weerspiegelen zich in het zachtjes voortglijdende water van de Reie en het belfort van Brugge (1282-1484), een der prachtigste voorbeelden van wereldlijke kunst in de Middeleeuwen, verheft zijn lange stenen arm van 84 meter naar omhoog als symbool van de macht van de stad.

The succession of stepgables at the **Rosary Wharf** puts rhythm into the peacefully flowing waters of the Reie and the 270 ft. high belfry of Bruges (1272-1484), a masterpiece of medieval secular architecture, looks like a stone testimonial to the power of the city.

Le **Quai du Rosaire** aligne ses pignons à gradins sur les rives qui bordent les eaux dormantes de la Reie et, joyau de l'architecture civile du moyen âge, le beffroi de Bruges (1282-1484) domine la ville, tel un long bras de pierre (quatre-vingt-quatre mètres), et signifie aux alentours sa puissance.

Die aufeinander folgenden Treppengiebel am **Rosenkranzkai** beleben die Ufer der traumstill vorbeifließenden Reie, und der Bergfried von Brügge (1282-1484), ein Paradebeispiel bürgerlicher Baukunst im Mittelalter, ragt wie ein 84 Meter langer steinerner Arm in die Höhe und tut der Umgebung die Macht Brügges kund.

△

De **Civiele Griffie** op het Burgplein in **Brugge** werd in 1535-1537 door de Brugse metselmeester Christiaan Sixdeniers naar ontwerpen van Jean Wallot gebouwd. Ondanks de gotische gevelindeling en de drie topgevels in de plaats van een kroonlijst met een driehoeksgevel krijgen de Renaissance-elementen hier de bovenhand. De grote standbeelden boven — Justitia tussen Mozes (links) en Aaron (rechts) — net zoals de kleinere vier hoofddeugden aan weerszijden zijn nu weer verguld zoals eertijds.

Sur la place du Bourg à **Bruges**, l'ancien **Greffe civil** a été construit de 1535 à 1537 par Christian Sixdeniers, maçon de la ville de Bruges, d'après les plans de Jean Wallot. L'esprit de la Renaissance y triomphe par l'ornementation appliquée à une structure demeurée gothique. Il n'y a ni corniche, ni fronton mais un triple pignon. Les statues qui le couronnent ont retrouvé leur dorure d'antan. Elles représentent Moïse à gauche, la Justice au centre et Aaron à droite. Les statues placées latéralement évoquent les quatre vertus cardinales.

The old **Records Office** on the Burgplein in **Bruges** was built between 1535 and 1537 by Christian Sixdeniers, mason of the town of Bruges, to plans by Jean Wallot. Though lacking cornice or pediment, the spirit of the Renaissance can be seen in the ornamentation applied to the three-gabled Gothic structure. The statues of Justice, flanked by Moses and Aaron, which crown the gables have been regilded. The lower statues represent the four cardinal virtues.

Die Alte **Gerichtskanzlei** auf dem Burgplein in **Brügge** wurde 1535-37 von dem Brügger Maurermeister Christian Sixdeniers nach Plänen von Jean Wallot erbaut. Die gotische Grundstruktur ist mit Renaissancemotiven und -ornamenten geschmückt, doch die drei Giebelaufsätze wurden noch nicht durch ein Gesims mit Giebeldreieck verdrängt. Oben thront eine Justitia zwischen Moses (links) und Aaron (rechts). Sie und die ihnen zur Seite gestellten Statuen — die vier Kardinaltugenden — strahlen nun wieder im Goldglanz.

▷

Vanuit de **Steenhouwersdijk** en de ezelsbrug ervoor ziet men de achterkant van het na 1520 langs de stadsmuren gebouwde Landhuis van het Brugse Vrije. De puntgevels met hun fraai lijnenspel zijn het enige gedeelte dat volgens de plannen van Jan van den Poele en Godefrood Cauwe is uitgevoerd.

Du **Steenhouwersdijk** *(quai des Marbriers)* et du vieux pont à dos d'âne, on a vue sur l'arrière du Franc de Bruges, construit, à partir de 1520, le long du rempart de la ville. D'une parfaite disposition des lignes, ses façades à pignons constituent la seule partie du palais demeurée conforme aux plans de Jean van den Poele et Godefroid Cauwe.

From the **Steenhouwersdijk** *(Marbleworkers Wharf)* and the old hump-backed bridge one has a splendid view of the rear façade of the *Brugse Vrije* or County Hall, built along the city walls from 1520. This perfectly balanced, gabled façade is the only remaining part of the building which remains true to the plans of Jan van den Poele and Godefrood Cauwe.

Vom **Steenhouwersdijk**, dem Kai der Steinmetzen, und der einem Eselsrücken gleichenden Brücke aus sieht man die Rückseite des Brugse Vrije (= Verwaltung der Umgebung Brügges), die ab 1520 die Stadtmauer entlang gebaut wurde. Die Giebelfelder mit ihrer harmonischen Linienführung sind der einzige Teil, der den Plänen J. van den Poeles und G. Cauwes entspricht.

De brug die sinds 1740 met haar drie bruggebogen beide oevers van de Reie met elkaar verbindt, leidt tot de ingangspoort (1776) van het **begijnhof «Ten Wijngaerde»** in Brugge dat in 1245 door Margareta van Constantinopel werd gesticht. Vrome vrouwen wijdden er hun leven aan werk en gebed; ze bereidden er o.a. wol voor de wevers.

Na de dood van de laatste begijn in 1930 heeft een communauteit van benedictinessen de plaats van de begijnen ingenomen. Het is nog steeds een besloten hof omringd door witte huisjes met puntgeveltjes.

In Bruges, crossing the Reie, the three arches of this bridge, built in 1740, lead to the entrance portal (1776) of the **Beguine convent called «the Vineyard»**. The convent, founded in 1245 by Margaret of Constantinople, housed pious women who devoted their time to prayer and work, notably preparing wool for weavers.

When the last Beguine died in 1930, a community of Benedictine nuns took over the convent. It is still an enclosure bordered with small white gabled houses.

A Bruges, le pont qui, depuis 1740, franchit en trois arches la Reie, mène au portail d'entrée (1776) du **béguinage de la Vigne** fondé en 1245 par Marguerite de Constantinople, fille de Baudouin IX. Les pieuses femmes s'y vouaient à la prière et au travail; elles préparaient notamment la laine pour les tisserands.

Depuis 1930, date de la mort de la dernière béguine, une communauté de religieuses bénédictines a pris le relais. Il a gardé son caractère d'enclos bordé de petites maisons blanches à pignons.

Die Brücke, die sich seit 1740 in drei Bögen über die Gracht spannt, führt zum Eingangsportal des 1245 von Margaretha von Konstantinopel, Tochter Balduins IX., ins Leben gerufenen und **«Weinberg» genannten Stifts der Beginen** in Brügge. Fromme Frauen widmeten sich dort dem Gebet und der Arbeit. Sie nahmen u.a. die Aufbereitung der Wolle für die Weber auf sich.

Nachdem 1930 die letzte Begine verschieden war, hat eine Gemeinschaft von Benediktinerinnen das Stift übernommen. Der von weißen Giebelhäuschen umschlossene Hofraum hat seine Eigenart noch ganz bewahrt.

Brugge
De **Spinolarei** en de **Spiegelrei** liggen langs een van de grachten.

Bruges
Le **Spinolarei** et le **Spiegelrei** bordent un bras du canal.

Bruges
The **Spinolarei** and the **Spiegelrei** are on a reach of the canal.

Brügge
Die **Spinolarei** une die **Spiegelrei** liegen einen der Wassergräben entlang.

◁

Al bouwde men de in 1579 door de Geuzen verwoeste **St.-Annakerk** te Brugge later weer op in de toen opgang makende barokstijl, toch bleef de gotische bouwvorm onaangetast. Het gebouw verrijst achter trapgevels uit de 16de eeuw en voor de barokke toren van de St.-Walburgakerk, die door de Jezuietenbroeder P. Huyssens werd ontworpen.

Mise à sac par les Gueux en 1579, l'**église Sainte-Anne** fut restaurée par les Brugeois en style baroque, mais en maintenant les structures gothiques. Le sanctuaire se profile derrière les pignons à gradins des maisons du XVIᵉ siècle et devant la tour baroque de Sainte-Walburge que dessina le frère Pierre Huyssens.

Sacked by the Sea Beggars in 1579, the **church of Saint Anna** was restored by the citizens of Bruges in the baroque style while maintaining Gothic elements. The sanctuary rises behind the stepped gables of 16th century houses and in front of the baroque tower of Saint Walburga, designed by Brother Pierre Huyssens.

Die von den Geusen zerstörte **St.-Annakirche** in Brügge wurde später im Barockstil, doch dem gotischen Grundplan folgend wieder aufgebaut. Sie erhebt sich zwischen Häusern mit abgetreppten Giebeln aus dem 16. Jh. und dem von Bruder P. Huyssens entworfenen Turm der Walburgakirche, ebenfalls im Barockstil.

△

De sierlijke toren van de **Onze-Lieve-Vrouwkerk** is geheel en al uit baksteen opgetrokken in het begin van de 14de eeuw. Hij is niet minder dan 122 m hoog.

Entièrement bâtie en brique, la tour de l'**église Notre-Dame** dresse, depuis le XIVᵉ siècle, son élégante silhouette à cent vingt-deux mètres de hauteur.

The elegant 14th century brick tower of the **church of Our Lady** rises to a height of some 122 meters.

Der ganz aus Backstein gebaute Turm der **Liebfrauenkirche** erhebt seit dem 14 Jahrhundert seine elegante Gestalt in 122 Meter Höhe.

Windmolen van **Damme**.
Le moulin de **Damme**.
Windmill of **Damme**.
Windmühle in **Damme**.

Korte tijd nadat de Hondsdam was opgeworpen (1168), werd **Damme** de opslagplaats en de zeehaven van Brugge, dat voor de grote schepen niet meer bereikbaar was. De Hanze van Londen en de Lombarden hadden er factorijen. Volgens Willem van Bretagne, die de Franse vloot ten tijde van Filips II August op 1.700 schepen had geraamd, was de haven « groot genoeg voor onze hele vloot » !

Brugge was door een kanaal met Damme verbonden en, toen de verzanding van het Zwin verder gevorderd was, met Sluis, dat op zijn beurt aan de verzanding ten prooi viel.

De afmetingen van de kerk in Damme herinneren aan het grootse verleden van deze handelsstad. De toren (1230-1250) lijkt, zoals Michel de Ghelderode schreef, « losgerukt van de kerk en schijnt af te drijven naar het platteland ».

Shortly after the completion of the *Dog's Dyke* in 1168, **Damme** became the trading entrepot for Bruges, no longer accessible to deep water ships. *The London Hanse opened* a branch and the Lombards a warehouse. In 1213 Guillaume le Breton reported that the port was « so large that it could hold our whole fleet ». And he claimed that the fleet of Philip-Augustus consisted of 1,700 vessels !

A canal to the Zwin provided the connection between Damme and Bruges. But first Damme and then Sluis silted up and the canal could no longer reach the sea.

The imposing church of Damme recalls the prosperous days of the merchant city. According to Michel de Ghelderode, the Belgian poet, the tower (1230-1250) seems to be « torn from its church and drifting away, towards the fields ».

Peu après l'achèvement de la *Digue du Chien*, construite en 1168, **Damme** devint l'entrepôt commercial de Bruges devenue inaccessible aux navires de haute mer. La Hanse de Londres y établit un comptoir et les Lombards un dépôt. Le port était « si grand, rapportait Guillaume le Breton en 1213, qu'il peut contenir toute notre flotte ». Et il prétendait que la flotte de Philippe-Auguste comptait mille sept cents bateaux !

Un canal relié au Zwin assurait la communication entre Damme et Bruges. Mais l'ensablement gagna, à leur tour, Damme puis Sluis, et le canal perdit bientôt le chemin de l'océan...

Par sa dimension, l'église de Damme rappelle les heures de gloire de la cité marchande. Aujourd'hui, la tour (1230-1250) est, selon le mot de Michel de Ghelderode, « arrachée à son église et semble aller à la dérive vers les campagnes ».

Nachdem der « Hondsdam » 1168 errichtet worden war, wurde **Damme** der Seehafen Brügges, das die Seeschiffe nicht mehr erreichten. Die Hansa von London und die Lombarden hatten Kontore in Damme. Guillaume von Bretagne, der die Flotte Philipps II, von Frankreich auf 1.700 Schiffe schätzte, fand Damme « groß genug für unsere ganze Flotte ».

Ein zum Zwim führender Kanal verband Brügge mit Damme, später mit Sluis, bis auch Sluis durch die fortschreitende Versandung vom Meer abgeschnitten, wurde.

Die Ausmasse der Kirche von Damme lassen die vergangene Größe und den damaligen Reichtum der Handelsstadt erahnen. Heute erweckt der Turm (1230-1250), wie der Dichter Michel de Ghelderode sagt, den Eindruck, « er habe sich von der Kirche losgelöst und lasse sich willenlos landwärts treiben ».

▽

Lissewege, het dorp met de lage, gewitte en onderaan beteerde huizen, is uiterst typisch voor de Vlaamse kuststreek. De stoere toren met zijn vale roze tint werd zoals de kerk zelf in de 13de eeuw gebouwd. Hij is de laatste getuige van de rijke en machtige stad die zich toen hier uitstrekte. Naar het schijnt deed hij soms dienst als vuurtoren als er 's nachts storm op zee was.

The village of **Lissewege** with its low, whitewashed brick houses sitting on their tarred foundations, is typical of coastal Flanders. The sturdy, rose church tower (13th century), which served as a lighthouse on stormy nights, is the sole reminder of its rich and powerful past.

Avec ses maisons basses aux briques soigneusement chaulées et aux soubassements goudronnés, le village de **Lissewege** est l'un des plus typiques de la Flandre maritime. Dernier témoin de son passé de ville riche et puissante, la robuste masse rose de la tour de son église du XIIIe siècle servait semble-t-il de phare, les nuits de tempête.

Mit seinen niedrigen, weißgekalkten, in Bodennähe geteerten Häusern ist **Lissewege** ein sehr charakteristisches Dorf des flämischen Küstengebietes. Der wuchtige, rosafarbene Turm der Kirche (13. Jh.) ist das letzte Baudenkmal, das an den Reichtum und die Macht der Stadt erinnert, die sich einst zu seinen Füßen ausbreitete. Früher, so scheint es, wurde er als Leuchtturm benützt, wenn Schiffe nachts gegen den Sturm kämpfen mußten.

▷

In 1914-18 werd **Veurne** nooit door de vijand bezet. Na de oorlog noefde het daarom ook niet helemaal weder opgebouwd te worden zoals de naburige steden. Rond de Grote Markt in het hart van de cirkelvormige stad staan er fraai afgewerkte baksteenhuizen met trapgevels uit de 16de en 17de eeuw. Het bovenste gedeelte van het gotische belfort lijkt precies een barokke campanile. Ten tijde van de Spaanse Habsburgers was Veurne een garnisoensstad en voor de Franse Revolutie was het de hoofdplaats van een kasselrij. Het genoot derhalve allerlei voorrechten.

Veurne was fortunate to escape enemy occupation during the 1914-18 war and thus has never been rebuilt like so many neighbouring towns. The town is centered on the main square, lined by step-gabled houses in finely worked brick dating from the 16th and 17th centuries. It was a garrison town under the Spanish Habsburgs who ruled at that time.
The nearby Gothic belfry, crowned later with a baroque bell tower, is a reminder that until the French occupation Veurne was the capital of a seigneury which enjoyed a number of political privileges.

Furnes eut la chance de n'être jamais occupée par l'ennemi, au cours de la guerre de 1914-1918; elle n'a pas été reconstituée comme la plupart de ses voisines. La ville se concentre autour de la grand-place que borde une suite de maisons aux pignons à gradins. En briques délicatement ouvrées, elles datent toutes des XVIe et XVIIe siècles. Les Habsbourg d'Espagne régnaient alors sur nos provinces et avaient fait de Furnes une ville de garnison.
Le proche beffroi gothique, tardivement couronné d'un campanile baroque, rappelle que Furnes fut, jusqu'à l'occupation française, le chef-lieu d'une châtellenie jouissant de multiples privilèges.

Veurne/Furnes hatte Glück: 1914-18 wurde es nicht vom Feind eingenommen und brauchte deshalb nach dem Krieg nicht neu aufgebaut zu werden wie die Städte in der Umgebung. Es ist um den Marktplatz und dessen Häuser mit abgetreppten Giebeln herum gebaut. Der obere Teil des Belfrieds (links hinten) gleicht einem barocken Campanile. Zur Zeit der spanischen Habsburger war Veurne/Furnes eine Garnisonsstadt und bis zur Französischen Revolution blieb es der Hauptort einer Burgvogtei; es nahm also eine sehr bevorzugte Stellung ein.

Aan het uiteinde van de 500 m lange *Pier*, de brede wandeldijk van **Blanken-berge**, ligt een achthoekig uitzichtterras. Het *Aquarama* bevat een zeldzame verza-meling van schelpen en tevens een uitbeelding van het leven onder de zeespiegel.

Au bout de la digue-promenade de **Blankenberge**, les cinq cents mètres du *Pier* se terminent par une plate-forme octogonale. L'*Aquarama* y rassemble des coquillages rares et reconstitue les secrets de la vie sous-marine.

At the end of the sea wall promenade in **Blankenberge**, 500 meters of pier lead to an octagonal platform where the *Aquarama*, displaying the mysteries of marine life and a fine collection of shells, is situated.

Die 500 m lange Deichpromenade des *Pier* in **Blankenberge** endet auf einem achteckigen Platz. *Aquarama*, ein Aquarienhaus, zeigt seltsame Muscheln und gibt ein eindrucksvolles Bild vom Leben unter dem Meeresspiegel.

◁△

In 1918 bleef er van **Diksmuide** nog maar één grote puinhoop over. Later werd het marktplein in zijn oorspronkelijke staat hersteld en werd er in het stadhuis weer een beiaard met dertig klokken opgehangen. Ook de toren van de van 1543 daterende St.-Niklaaskerk vlak daarnaast werd weer opgebouwd.

Eveneens ter nagedachtenis aan de tijdens Wereldoorlog I gesneuvelden werd er midden op het plein een monument ter ere van generaal en baron Jacques de Dixmude opgericht.

Het in de tweede helft van de 12de eeuw gestichte begijnhof van Diksmuide werd in 1914 zodanig door de Duitsers gebombardeerd dat enkel één put en één steunbeer van de kerk overbleven. Nadien werd het weder opgebouwd zoals het in de 15de eeuw was geweest. De huisjes staan weer rond het driehoekvormige hof zoals weleer. Maar er is één verschil : het is een begijnhof zonder begijntjes geworden.

En 1918, **Dixmude** se trouvait réduite à un amas de ruines. Sur la grand-place reconstruite dans son style d'origine, le nouvel hôtel de ville contient un carillon de trente cloches. Sa tour est voisine de celle — également reconstruite — de l'église Saint-Nicolas qui datait de 1536-1543. Au centre de la place, le monument du général baron Jacques de Dixmude rappelle le souvenir des combats de la Première Guerre mondiale.

Fondé au cours de la seconde moitié du XIIᵉ siècle, le béguinage de Dixmude subit, en 1914, un bombardement allemand qui n'épargna qu'un puits et un arc-boutant de l'église. Celle-ci a été reconstruite telle qu'elle était au XVᵉ siècle et les maisonnettes ont été groupées, comme jadis, autour d'une cour triangulaire. Mais aucune béguine ne les habite.

In 1918 **Diksmuide** was only a heap of ruins. The new town hall on the main square, rebuilt in its original style, houses a thirty-bell carillon. Its tower is next to that of Saint Nicholas' church (1536-43), also rebuilt. In the center of the square stands a monument to General Baron Jacques de Dixmude, recalling the battles of the First World War.

A German bombardement in 1914 destroyed the Beguine convent of Diksmuide, founded in the latter half of the 12th century, leaving only a well and a flying buttress of the church. The church has been rebuilt as it was in the 15th century and the cottages have been grouped around the triangular courtyard as they were formerly. But there are no longer any Beguines to live in them.

1918 war **Diksmuide** nur noch eine einzige große Ruine. Danach wurde der Marktplatz wieder stilgetreu aufgebaut und erklang vom Rathausturm wieder das Glockenspiel mit seinem dreißig Glocken. Auch die nahe St.-Nikolauskirche und ihr Turm wurden wieder aufgebaut. Mitten auf dem Platz steht das Standbild des Barons und Generals Jacques de Dixmude, das auch an die Schlachten des Ersten Weltkriegs erinnern soll.

Von dem in der zweiten Hälfte des 12. Jh. errichteten Beginenhof in Diksmuide blieben nach dem deutschen Bombenangriff von 1914 nur noch ein Brunnen und ein einziger Strebepfeiler der Kirche übrig. Nun stehen die Häuschen wieder um den schon vor Jahrhunderten dreieckigen Platz, doch es wohnen keine Beginen mehr darin.

▽

Het belfort van **Ieper** evenals de 350 m brede en in haar vroegere glorie herstelde Lakenhalle waken over de stad, die haar voorspoed aan de lakennijverheid te danken had.

Restored to their former glory, the Belfry of **Ypres** and the Cloth Hall, which measures close on 350 meters, watch over the city which first owed its prosperity to the cloth industry.

Rétablis dans leur gloire d'antan, le beffroi d'**Ypres** et les halles aux draps déployées sur trois cent cinquante mètres de pourtour veillent sur la ville qui doit sa prospérité première à l'industrie drapière.

In ihrem einstmaligen Glanz wiederhergestellt, wachen der **Yperner Belfried** und die Tuchhallen auf einer Breite von 350 Metern über die Stadt, die ihren ersten Wohlstand der Tuchindustrie verdankte.

▷

In de 18de eeuw was **Oostende** de thuishaven van de Indische Compagnie (later Oostendse Compagnie genoemd), waarvan de schepen de Chinese Zee en de golf van Bengalen bevoeren. Het opleidingsschip Mercator, dat sinds 1961 in de jachthaven voor anker ligt, had daarvoor eveneens alle wereldzeeën bevaren en havens van niet 'minder dan vierenvijftig landen aangedaan. Dat was nog in de tijd toen men ervan overtuigd was dat een zeilschip het ideale opleidingsschip voor toekomstige kapiteins en zeelui op lange vaart was.

In the 18th century **Ostend** was the home port of our Indies Company whose sailing ships voyaged as far as the China Sea and the Bay of Bengal. Today the training ship « Mercator », which has sailed the seven seas and made landfall in 54 different countries, lies anchored before the yacht basin. It was long felt that the sailing ship provided the best training for a high seas mariner.

Ostende fut, au XVIIIᵉ siècle, le port d'attache des voiliers de notre Compagnie des Indes qui sillonnèrent les mers de Chine et du Bengale. Aujourd'hui, devant le port de plaisance, est ancré le navire-école « Mercator » qui a navigué sur toutes les mers du monde et fait escale dans cinquante-quatre pays différents. C'était au temps où l'on estimait que le voilier constitue le meilleur moyen de formation d'un marin au long cours.

Im 18. Jh. war **Ostende** der Heimathafen der Schiffe, die im Namen der Indischen Handelskompanie, der Handelskompanie von Ostende, auf den Chinesischen Meeren und im Golf von Bengalen segelten. Seit 1961 liegt im Jachthafen von Ostende das Schulschiff Mercator vor Anker. Zuvor hatte es ebenfalls auf allen Weltmeeren gesegelt und hatte es in Häfen von vierundfünfzig verschiedenen Ländern angelegt. Damals dachte man noch, daß ein Segelschiff die beste Schule für einen angehenden Bewerber um Anstellung in der Hochseeschiffahrt sei.

De oude zeehaven van **Oostende**, waar zeerovers en geuzen een schuilplaats hadden gevonden, vooraleer de vesting buiten gebruik werd gesteld, werd pas ten tijde van Leopold II de bad-stad bij uitstek. Het is tevens de grootste vissershaven van het land en de inschepingsplaats naar Dover. Ziehier hoe de passagiers de stad zien als ze opeengepakt op het dek van de uit Engeland komende ferry staan.

Vieille cité de marins, de flibustiers et de gueux, forteresse désaffectée, **Ostende** fut sous le règne de Léopold II la station balnéaire par excellence. Elle est aussi le plus grand port de pêche du pays et le point d'embarquement pour Douvres. Telle elle apparaît aujourd'hui aux passagers groupés sur le pont de la malle venue d'Angleterre.

In bygone days a haven for sailors, freebooters and seadogs, **Ostend** became the seaside resort *par excellence* under Leopold II. It is Belgium's largest fishing port and the crossing point for Dover. This is how it appears today to the passengers grouped on the deck of the ferry from England.

Ostende war früher ein Unterschlupf für Seeräuber und Geusen sowie ein befestigter Schutzhafen. Leopold II machte es zu einem mondänen Badeort. Nun ist es der größte Fischerhafen Belgiens und ein Einschiffungsplatz nach Dover. Das Bild zeigt, wie die Passagiere die Stadt sehen, wenn sie Mann an Mann auf dem Deck des ankommenden Fährschiffs stehen.

© 1996 S.p.r.l. EDITIONS PAUL MERCKX UITGEVERIJ B.v.b.a.
Beeldhouwerslaan 145a, B-1180 Brussel
Avenue des Statuaires 145a, B-1180 Bruxelles

Tel. 02/374.41.56
Fax 32/2/375.80.37

Editor
VINCENT MERCKX

Photos © Editions Paul Merckx Uitgeverij
DAMIEN HUBAUT

and
Misjel Decleer, page 165.
Paul Merckx, pages 13, 16, 18, 19, 21, 27, 29, 30,
34, 36-38, 40, 41, 45, 49, 51, 64-66, 74, 82, 87,
94, 99, 100A, 104, 108-109, 112-114, 119-123,
126, 129, 136, 137, 142, 143, 146-148, 150, 164.
Thierry Provost, page 173.
Vincent Merckx, pages 68, 72.

Nederlandse bewerking
& Deutsche Übertragung
ALOYS BERTHA

English translation
SHEILA TESSIER-LAVIGNE

Photo-engraving in Belgium (Grimbergen)
TECHNISCAN

Printed in Belgium (Brussels)
WEISSENBRUCH

D-1995-0398-11
ISBN 90-74847-07-2

NOORDZEE

• Blankenberge

• Lissewege

• Kaprijke

• Damme

• Oostende

Brugge

Temse

Cleyd

Antwerp

Rupel

Schelde

Veurne

• Diksmuide

Poeke •

Afsnee

Gent

Aalst

Ooidonk •

Sint-Martens-
Latem

Roeselare •

Rumbeke •

Leie

BRUXELLES
BRUSSEL

IJser

Ieper •

Kortrijk

Escaut

Oudenaarde

Dender

Gaasbeek

Huizingen

FRANCE

Waterloo

Halle

Haut-Ittre

ROUBAIX

Nivelles

LILLE

Tournai

• Attre

• Beloeil

Mons

Charleroi

Sambre

5 cm = 41 km